법조공화국

법조공화국

강준만 지음

법은 정의보다는
출세의 수단이었다

인물과
사상사

머리말
'10대 0'의 선악 이분법을 넘어서

2019년 8월 27일 법무부 장관 후보자 조국에 대한 검찰의 압수수색 이후, 특히 검찰총장 출신의 윤석열이 대통령에 당선된 제20대 대선(2022년 3월 9일) 이후, '검찰독재'라는 말이 많이 쓰이게 되었다. 이젠 아예 의심할 필요조차 없는 당연한 일상용어로 자리 잡았다는 느낌마저 준다. 그런데 생각해보면 이상한 일이다. 검찰독재라는 말의 주요 근거 중 하나가 검찰이 행사하는 무소불위無所不爲의 권력이라면, 이 말은 검찰의 국정농단 수사가 시작된 2016년 12월 21일 이후부터 쓰였어야 했던 게 아닌가? 박근혜 정권 사람들에 대한 검찰의 무자비한 수사는 정의 구현이었지만, 검찰의 무자비한 조국 수사는 검찰독재라고 주장하려는 게 아니라면 말이다. 똑같은 검찰이었거니와 보여준 행태 역시 거의 똑같았는데, 왜 그렇게 상반된 평가를 한 건가?

물론 우리는 그 이유를 모르진 않는다. 문재인 정권과 진보 진영의 DNA였다고 해도 좋을 내로남불 때문이었을 게다. 박근혜 정권을 내쫓고 문재인 정권을 창출하는 데에 큰 기여를 한 검찰이 진영의 이익에 충실할 때엔 정의 구현이지만, 진영의 이익에 반할 때엔 검찰독재 또는 그 전 단계인 '검찰 쿠데타'라는 게 민주당 진영의 인식이자 주장이었다. 그래서 조국에 대한 검찰의 압수수색 이후 검찰 쿠데타는 민주당 진영에서 매일 외쳐지는 일상용어가 되었다. 민주당과 그 지지자들은 지난 5년간 '검찰 쿠데타', '사법 쿠데타', '연성 쿠데타', '2단계 쿠데타', '조용한 쿠데타', '조폭 검사들의 쿠데타' 등 다양한 용어로 윤석열을 쿠데타의 수괴로 매도하는 폭격을 퍼부었다.

그런데 그건 혹 윤석열에 대한 과대평가는 아닌가? 그는 공적 마인드가 전혀 없는 부인을 자신의 우상으로 섬기면서 그 우상을 기쁘게 해주는 걸 국정 운영보다 훨씬 더 중요하게 생각해온 사람이 아닌가? 그래서 그는 2024년 총선에서 국민의힘의 참패를 불러왔고, 그로 인해 이전보다 더욱 심해진 민주당의 공격을 견디다 못해 12·3 비상계엄 선포와 같은 '미친 짓'을 저지르지 않았던가? 그렇게 어리석은 사람에게 무슨 지속적인 '기획'을 한다거나 주도면밀한 계략이 있었을 것 같진 않다는 말이다. 그저 자신도 감당할 수 없는, '욱' 하는 '격노'에만 능했다고 보는 게 옳지 않겠느냐는 것이다.

검찰독재니 검찰 쿠데타니 하는 말에선 일방적인 선전·선동의 기운만 강하게 느껴진다. 그 말을 쓰는 사람들이 지적하는 검찰의 문제라는 건 대부분 옳은 듯 보이지만 제시하는 사례들이 지극히 '선택적'이라는 치명적인 결함을 안고 있다. 똑같은 성격의 행위라도 자기편에 도움이 되면 선하고 도움이 되지 않으면 악하다고 주장하는 후안무치厚顔無恥가 밥 먹듯이 저질러지고 있다는 뜻이다.

또 그 문제의 대부분은 출세와 자기 가족밖에 모르는 한국 엘리트 계급의 공통된 이기적 특성이며, 같은 계급에 속하는 정치인들이 대체적으로 보아 검사들보다 더 낫다고 말하긴 어렵다. 제3자적 관점에서 보자면, 민주당 정권이 검찰을 정치적 도구로 이용하다가 역공을 당한 자업자득自業自得을 스스로 비난하는 '누워서 침 뱉기'를 할 수는 없어서 윤석열과 검찰에 필요 이상의 비난을 퍼붓는 '악마화' 전략을 썼다고 평가하는 게 공정할 것이다.

검찰독재나 검찰 쿠데타보다는 한결 부드러운 느낌을 주는 '검찰공화국'이라는 말도 공정한 개념은 아니다. 이 말이 정권이 검찰을 마음대로 부려먹을 때 그 정권 쪽에서 나온 거라면 깊이 새겨들을 가치가 있겠지만, 검찰을 마음대로 부려먹을 수 없게 되고 더 나아가 정권을 잃고 야당이 된 상황에서 갑자기 외쳐대는 게 무슨 설득력이 있겠는가? 비교적 가치 중립적인 개념을 쓰자면, '검찰공화국'을 포괄하는 '법조공화국'으로 부르는 게 어떨까 싶다.

법조法曹 또는 법조인法曹人은 일반적으로 법률 사무에 종사하는 사람, 특히 재판관·검찰관·변호사 따위의 법률 실무에 종사하는 사람을 이른다. 과거에 법조인은 판검사만을 의미했지만, 오늘날엔 그 범위를 넓혀서 변호사·법무사·법대 교수·법학전문대학원(로스쿨) 교수까지 다 법조인이라고 부르는 경향이 있다. 즉, '법을 다루는 전문가' 또는 '법률 지식으로 먹고사는 사람'을 가리키는 말이다.[1]

우리는 법조공화국의 문제를 지적할 때에 '공급'에만 주목하는 경향이 있는데, 그렇게 해선 그 전모를 파악하기 어렵다. '수요'도 동시에 보아야 한다. 법학전문대학원 이전에 판검사와 변호사의 관문이었던 사법시험(사법고시)이 한국인의 삶에서 어떤 의미를 차지하고 있었는지를 먼저 따져보아야 한다. 사법시험 합격자를 가문과 학교와 지역의 영광으로 떠받들면서 우대하고 숭배하는 문화는 누가 만든 건가? 검찰공화국을 비난하는 정도를 넘어서 저주마저 퍼붓는 정당이 그간 선거를 앞두고 검사를 비롯해 법조 출신 인사를 많이 영입하려고 무진 애를 써온 정당이라는 건 어찌 이해해야 하는가?

우리는 동시에 진영논리에서 자유로워져야 한다. 그래야 진실을 마주 볼 수 있다. 이미 어떤 한 진영에 기울어진 정치적 성향을 갖고 있다고 하더라도 가급적 공정하게 보려는 의지를 가져야 한다는 말이다. 물론 쉽지 않은 일이다. 나는 검찰 문제를 다룬 책은 모두 다 구입해서 보는 데 매번 혀를 끌끌 찰 때가 많다. 저자가 진영논리에서 자유롭지 못하다는 아쉬움 때문이다. 한 사례를 보자.

"만일 육사에 갔더라면 쿠데타를 했을 것이다. 쿠데타는 김종필처럼 중령이 하는 것인데 검찰에는 부장에 해당한다. 나는 부장 시절로 돌아갔으면 좋겠다."[2] 총선 직전인 2020년 3월 19일, 당시 검찰총장이던 윤석열이 대검 간부들과의 식사 자리에서 한 말이다. 윤석열의 바로 옆자리에 앉았던 전 대검 감찰부장 한동수는 "쿠데타라는 말이 충격적인 내용이라 회식을 마친 후 바로 업무수첩에 적어두었다"가 이를 3년

7개월 후인 2023년 10월 30일 '고발 사주 의혹' 재판부(서울중앙지법 형사27부, 재판장 김옥곤 부장판사)에 제출한 의견서에 밝혔다. 이를 입수한 언론에 의해 이 이야기는 세상에 널리 알려졌다.

검찰 문제에 관심이 좀 있는 독자라면 한동수라는 이름을 기억하실 게다. 윤석열의 반대편에서 투쟁했던 인물이다. 2025년 1월 그는 '5년 전 윤석열의 쿠데타를 예견했던 사람'으로 불리기도 했지만,[3] 이 발언이 알려진 2023년 10월만 해도 그걸 계엄과 연계시켜 생각한 사람은 거의 없었을 게다. 하지만 막상 계엄이라는 '미친 짓'이 저질러지고 보니, 한동수의 '촉'이 대단하다는 생각이 든다. 한동수가 밝힌 내용의 사실 여부를 두고 논란이 있긴 했지만, 나는 한동수의 말을 믿는다. 없는 말을 지어내거나 과장을 할 사람은 아닌 것 같다.

한동수가 2024년 1월에 출간한 『검찰의 심장부에서: 대검찰청 감찰부장 한동수의 기록』이라는 책을 재미있게 읽었다. 공감할 수 있는 내용이 많았다. 그런데 잘 읽어나가다가 끝부분에 가서 "아, 이 말은 하지 말지!"라고 탄식을 하고 말았다. 이런 내용이다. "2023년 9월 27일에는 이재명 더불어민주당 대표에 대한 구속영장 청구가 기각되었다. 삼권의 한

축인 법원이 우리나라 민주주의 역사에서 중요한 역할을 할 때가 되었다는 점을 우리에게 미리 보여주는 것 같다."[4]

서울중앙지법 영장 전담 부장판사 유창훈의 영장 기각은 논란의 소지가 컸다는 걸 잘 아실 게다. 물론 찬반 그 어느 한쪽을 택하는 건 자유이며 존중받을 수 있다. 그러나 '우리나라 민주주의 역사에서 중요한 역할' 운운하는 건 읽기에 민망하다. 영장이 기각되지 않았으면 '우리나라 민주주의 역사에서 흑역사'가 되는가?

진영논리에서 자유롭기는 쉽지 않겠지만, 우리 모두 그걸 넘어서기 위해 애써보자. 진영논리는 선악 이분법에 따른 '10대 0'을 추구한다. 자기 진영이 100퍼센트 옳다는 입장을 취한다는 말이다. 실제로 어느 한쪽이 전적으로 옳은 경우도 있겠지만, 각자 비슷한 규모의 지지자를 확보한 정치적 쟁점에서 그런 경우는 거의 없다. 진영논리에서 벗어나자는 건 논란이 된 각 사안별로 5·5제나 4·6제나 3·7제의 입장을 취한다는 걸 의미한다.

이재명을 두고 생각해보자. 이게 정녕 '10대 0'의 문제란 말인가? 그 어느 쪽 편을 들건 5·5제나 4·6제나 3·7제로 보는 게 옳지 않겠는가? 내가 보기에 한동수의 이재명 관련 발언은 '10대 0'의 논변이다. 그건 윤석열 지지자가 '10대

0'의 비율로 윤석열이 옳고 이재명은 옳지 않다고 보는 것처럼 과도하다. 우리 모두 제발 그런 흑백논리에서 벗어나자.

윤석열이 계엄 선포라는 '미친 짓'을 저질렀다고 해서 그의 모든 과거 언행과 윤석열 정권하에서 이루어진 모든 일마저 소급해 '미친 짓'의 연장선상에서 보려는 것 역시 옳지 않다. 마찬가지로 윤석열의 어리석음과 죄악이 문재인·이재명·민주당이 저지른 어리석음과 죄악을 없는 걸로 만들거나 정당화하는 용도로 오남용되어선 안 될 것이다.

이 책은 여러모로 부족한 점이 많지만, 굳이 한 가지 장점을 내세운다면 그건 진영논리로부터의 독립이다. 물론 이는 나의 주장이나 선언으로 증명될 수 있는 건 아니다. 독자들께서 스스로 판단해주시기 바란다. 이 책의 출발점은 내가 『신동아』에 5회(2024년 9월호부터 2025년 1월호)에 걸쳐 기고한 '민관합동으로 만든 법조공화국'이라는 글이다. 이 책의 특별한 의미를 한마디로 표현하자면, 그건 바로 '민관합동民官合同'이다.

나는 앞서 법조공화국의 문제를 지적할 때에 '공급'에만 주목하지 말고 '수요'도 동시에 보자고 했는데, 그게 바로 민관합동이다. 그간 법조공화국을 비판하는 수많은 책과 글이 나왔지만, 모두 다 약속이나 한 듯이 국민을 피해자로만 간

주하는 경향이 있다. 이 고정관념을 바꾸지 않는 한 바람직한 변화는 기대하기 어렵다는 게 내 생각이다. 달리 말해, 법조공화국 비판이 진영논리에 기반해 이루어지는 한 진정한 개혁은 기대하기 어렵다는 것이다. 다시 말씀드리지만, 독자들께서 부디 진영논리를 잠시 내려놓고 공정한 자세와 마음으로 법조공화국의 이모저모를 탐방하는 산책에 나서주시기 바란다.

2025년 3월

강준만

차 례

맺는말 '개천에서 용 나는' 모델을 넘어서

법은
정의보다는
출세의
수단이었다

법조인 출신이 장악한 한국 정치판

한국은 민관합동으로 세운 법조공화국이다. 대중의 일상적 삶에서 법조를 우대하고 동경하는 게 세계 최고 수준이며, 고소·고발과 '정치의 사법화'가 왕성하게 일어나 이 또한 세계 최고 수준에 이른 나라가 아닌가. 2021년 『중앙일보』 대기자 양선희가 정말 옳은 말 했다. 그는 "사실 고소·고발이 먹히는 것도 세계에서 유례없이 고소·고발을 즐기는 우리 국민의 문화와 무관해 보이지 않는다"며 다음과 같이 말했다.

"한국인의 고소·고발 건수는 연평균 50만 건 안팎. 우리보다 두 배 넘는 인구를 가진 일본보다 건수로만 40배가 넘는다. 우리는 검찰의 정치화와 기소편의주의를 비난하며 개혁하라고 요구했다. 한데 툭하면 검찰로 달려가 고소·고발을 남발하며 그들을 편가르기 도구로 활용하는 것은 누구인가. 대선 철만 되면 유력 후보의 죄를 빨리 밝혀내라며 검찰을 닦달하는 건 또 누구인가."[1]

법을 사랑하지 않으면 대통령 되기도 힘들다. 2021년 6월 28일 『중앙일보』는 「법대 나와야 명함 내민다? 내년 3·9 대선 흥미로운 현상」이라는 기사에서 대통령 후보 여론조사의 상위권을 법과대학 출신 정치인이 싹쓸이했다고 지적했다. 윤석열, 이재명, 이낙연, 홍준표, 추미애, 최재형이 그러하며, 이외에도 정세균, 이광재, 원희룡, 황교안 등 죄다 법대 출신이라는 것이다.[2]

국회의원은 어떤가? 제5공화국 시절 여당인 민주정의당은 육사 출신과 서울 법대 출신이 가장 많은데다 야합했다는 의미에서 '육법당陸法黨'으로 불렸다. 그래서 "육사와 서울 법대가 나라를 말아먹었다"는 말도 나왔다.[3] 2003년 『동아일보』 논설위원 임채청이 내놓은 '육법당'에 대한 해설이 흥미롭다. 그는 다음과 같이 말했다.

"성골인 육사 출신에게 진골인 율사 출신이 체제 논리를 제공하면서 권력을 할애받은 것에 대한 야유였다. 물론 검사 출신이 큰 몫을 했다. 80년대 중반 한 검찰 고위 간부의 얘기가 잊혀지지 않는다. '언론에서 검찰을 정권의 주구走狗라고 비판하는 것은 옳지 않다. 검찰도 정권의 일부이기 때문이다.'"4

육사 출신의 전성시대는 갔지만, 서울 법대 출신을 비롯한 법조 권력은 더 강해졌다. 대부분 법대를 나온 법조인 출신은 국회의원 당선 시점 기준으로 14대(1992년) 25명, 15대(1996년) 41명, 16대(2000년) 41명, 17대(2004년) 54명, 18대(2008년) 59명, 19대(2012년) 42명, 20대(2016년), 21대(2020년), 22대(2024년) 61명 등 대체적으로 전체 의원의 15~20퍼센트를 차지해왔다. 너무 많지 않은가? 그럼에도 정당들이 인재 영입시 법조인을 우대하는 걸 어이하랴. 민주당이 2020년 2월 4·15 총선을 앞두고 외부인사를 영입했을 때 전체의 약 30퍼센트가 법조인이었다.5

왜 법조인 출신이 정치판을 휩쓰는 걸까?

왜 법조인 출신이 정치판을 휩쓰는 걸까? 입법부라는 국회의 속성과 법조의 친화성, 전반적인 사회체제의 안정화(보수화), 유권자의 학력·학벌 우대 풍토, 정치 진입·탈퇴시 법조인이 누릴 수 있는 호구지책糊口之策의 비교우위를 들 수 있겠다. 현실적으론 이 마지막 이유가 가장 중요하다. 법조 출신 정치인은 공천에서 탈락하거나 선거에서 낙선해도 언제든 변호사로 돌아갈 수 있는 자유와 혜택을 누릴 수 있지만, 다른 전문 직종이나 직업을 가진 사람은 비교적 그게 그렇게 쉽지 않다는 것이다.

사실 이 문제는 100여 년 전인 1919년 독일 사회학자 막스 베버Max Weber, 1864~1920가 '직업으로서의 정치'라는 강연에서 '정치를 직업으로 삼는 두 가지 방식'에 대해 말하면서 지적했던 것이다. 그가 말한 두 가지 방식은 정치를 '위해' 살거나 정치에 '의해' 사는 것이다. 물론 이 둘은 상호 배타적인 건 아니다. 많은 정치인이 정치를 위해 사는 동시에 정치에 의해 살고 있다.[6]

정치를 위해 산다 함은 이기적인 목적이건 이타적인 목적이건 정신적인 의미에서 '정치를 자신의 삶으로' 삼는 걸 의미한다. 그렇다면 호구지책은 어떻게 할 것인가? 바로 이 측면, 즉 정치를 지속적인 수입원으로 삼는 걸 정치에 의해 산다고 볼 수 있다. 대중은 정치인이 정치에 '의해' 사는 측면에 대해 양극단의 자세를 취한다. 한 부류는 그걸 너무 인정하지 않아서 탈이고, 또 한 부류는 그걸 너무 인정해서 탈이다.

많은 사람이 의원들에게 정치는 먹고사는 생계수단이기도 하다는 사실을 인정하지 않는다. 의원들이 생계수단을 놓치지 않기 위해 벌이는 일은 정치인을 저주해야 할 이유가 된다. 이들이 이상적으로 생각하는 정치인은 현실 세계에 존재하기 어렵다는 사실은 아예 논의 대상도 되질 않는다. 평소에 존경받던 운동권, 학계 인사들조차 정치판에 들어가기만 하면 변질되는 이유는 무엇인가? 그 이유 중의 하나는 그들이 정치를 생계수단으로 삼기 시작했기 때문이다.

'생계수단으로서의 정치'를 인정하지 않는 사람들 중엔 정치를 직업으로 택할 뜻이 전혀 없는 사람이 많다. 인생의 황금기 중 10년 이상을 정치에 투자한 사람에게 어느 날 갑자기 "너 나가라"라고 그러면 그 사람은 이후 무엇으로 먹고사나? 언제든 먹고살 길이 보장되어 있는 변호사들만 정치를 하라는 건가? 그런데 바로 이 '변호사 모델'이 한국 정치판에서 잘나가는 정치인의 모델이 되었다. 막스 베버도 자신의 강연에서 변호사가 직업정치인으로서 지배적인 역할을 해왔던 이유를 바로 그 점과 연결시켰다.

'유전무죄 무전유죄'라 사법고시 더 인기

법조공화국의 문제는 상당 부분 사법고시의 문제를 물려받았다. 사법고시에 합격하면 '가문의 영예'로 여기는 잔치판이 벌어지고, 자기가 살던 동네와 다닌 학교에 축하 현수막까지 나붙었다. 서울대는 거대한 고시학원이었다. 법대를 들어가면 바로 사시를 준비하고, 사시 과목만 들었다. 사법고시는 대학의 평판까지 좌우하기 때문에 대학 측도 고시 바람을 부채질했다. 대부분의 대학에서는 도서관에 별도의 고시 공부방을 두었으며, 일부 대학은 저명한 고시 전문 교수들을 초빙해 특강도 열어주고 사시 준비생에게 장학금 혜택까지 주었다.[7] 일부 대학들은 합격 가능성이 높은 학생들을 돈으로 스카우트까지 하고, 그렇게 해서 얻어지는 학교의 명예를 모든 교수·학생이 만끽했다.

법과 법조계를 존경해서였을까? 전혀 그렇지 않았다. 오히려 정반대였다. 법과 법치에 대한 불신이 높을수록 사법고시의 인기는 하늘 높은 줄 모르고 치솟았다. 2000년 6월 형사정책연구원이 서울 시민을 대상으로 실시한 설문조사에서 80.9퍼센트가 "유전무죄有錢無罪·무전유죄無錢有罪라는 말에 공감한다"고 답한 것으로 나타났다.[8] 사법고시를 법학전문대학원이 완전히 대체한 해인 2017년 1월 『동아일보』가 여론 조사 회사인 엠브레인과 함께 벌인 모바일 설문조사에선 한 국은 '유전무죄·무전유죄'가 통하는 사회라고 응답한 사람 은 91퍼센트에 이르렀다.[9]

바로 그런 이유 때문에 대부분의 평범한 사람들은 가족· 친척 중에 판검사나 변호사 하나 정도는 나오기를 간절히 바랐다(2006년 한국사회학회에서 실시한 조사에 따르면, 인맥으로 칠 법조인이 단 한 명도 없는 사람이 전체의 85.8퍼센트였다. 연구진이 핵심 중산층으로 분류한 집단에서는 법조인을 인맥으로 확보한 비율 이 21.5퍼센트에 이르지만, 하층으로 분류된 집단은 그 비율이 5퍼센 트 내외로 뚝 떨어졌다).[10]

믿을 수 없는 법에 대한 공포 때문에 법에 대한 사랑을 강 요받는 사회에서 법을 다룰 수 있는 면허는 권력과 부를 동 시에 쟁취할 수 있는 수단이었다. 영남대 법대 교수 박홍규 는 『법은 무죄인가』(1997)에서 "사법시험은 단판승부에 명 예와 권력과 부가 따르는 복권과 같은 사행 심리가 도사리고 있다"고 했다.[11] 사행 심리의 지배를 받긴 했지만 나름의 합 리적 셈법도 작동했다. 사법고시생들의 이른바 '손익분기점' 에 대해 35세니 40세니 하고 말이 많았다는 점을 상기할 필 요가 있겠다. 35세 또는 40세 이전에만 고시에 붙으면 다른 대졸자들과 비교해 그간 희생한 청춘에 대한 보상을 받을 수 있다는 뜻으로 자주 거론된 말이다.

박원순과 문재인이 누린 법조 특권주의

이렇듯 한국 사회에서 법은 정의보다는 출세와 특권의 수단으로서 그 가치가 더 높았다. 1980년 10월 제22회 사법시험에 합격한 박원순은 2003년 사법연수생들을 대상으로 한 특강에서 다음과 같이 말했다. "여러분, 판검사 되고 싶지요? 그러나 저는 여러분이 판검사가 되더라도 축하해주고 싶은 마음이 전혀 없습니다. 판검사라는 지위에 도취되어 인생의 겸허함이 사라지는 모습을 많이 보았기 때문입니다. 안락한 생활과 사회의 대접에 안주해 턱없는 자기기만에 빠지는 모습을 자주 접했기 때문입니다. 그게 어디 축하할 일입니까? 차라리 곡을 해주는 게 맞지요."[12]

이건 자신의 경험담이기도 했다. 박원순은 젊은 나이에 잘나가는 변호사로 부자가 되어 있었다. 기사가 운전하는 승용차를 탔고, 다른 사람들은 뭔지도 모르는 휴대전화를 사용했고, 제법 큰 단독주택에서 여유 있는 생활을 했다.[13] 그러나 어느 순간 깨닫고 보니 그 길은 의미가 없어 보였다고 한다. "내 집을 키워가고 좋은 자동차를 타고 별장을 사고 은행에 두둑한 통장을 두는 것은 하나의 탐욕의 길이었습니다. 그것보다는 가난하고 억울하고 약한 사람들과 함께 그들을 부축하고 그들을 돕는 것이 훨씬 보람 있고 재미있는 길이었습니다. 그래서 시민운동가가 되었습니다."[14]

그러나 박원순처럼 뒤늦게 무소유의 길을 걸은 사람은 거의 없었고, 그의 이런 증언마저 사법고시가 '코리안 드림'을 이룰 수 있는 최고의 속성코스라는 걸 말해주는 '사회적 증거social proof'로 여겨졌을 가능성이 높다('사회적 증거'는 많은 사람이 하는 행동이나 갖는 믿음은 진실일 것이라고 생각하는 경향을 말한다).[15] 또한 박원순에겐 물욕은 없었을망정 권력욕은 있었기에 나중에 서울시장이 되었고, 대권에 대한 꿈도 꾸지 않았던가. 물론 권력으로 공동체를 위한 좋은 일을 하려는 꿈이었겠지만, 정치인치고 그렇게 말하지 않는 사람이 없으니 그 진정성을 판별하는 건 쉽지 않은 일이다.

사법고시에 합격해 '코리안 드림'을 이룰 수 있는 최상의 속성코스를 내달리게 된 사람들의 내면 세계를 지배하게 된 첫 번째 이데올로기는 특권의식이다. 판검사를 하더라도 겉에서 보는 것처럼 화려하지도 않거니와 보직에 따라선 중노

동에 가까운 고달픈 혹사였지만, 세상은 그렇게 보지 않았다.

검찰공화국 주창자들이 자신들이 불만을 느끼는 극소수의 검사, 아무리 많이 잡아도 전체 검사의 겨우 몇 퍼센트에 지나지 않는 검사들을 비난하기 위해 전체 검사를 비난하고 모욕하는 것과 비슷했다. 비난받을 만한 특권의식이 없는 검사가 다수일망정 누가 보아도 특권의식을 갖고 있고 그걸 실천하는 극소수 검사의 일탈적 행위가 검사의 전체 이미지를 대표하는 것, 이는 모든 권력자의 공통된 숙명과도 같은 것이었다.

과거 권위주의 시절 20대 중반에 갓 임관한 새파란 나이의 판사나 검사를 '영감님'이라고 부르며 치켜세우던 때가 있었다. 일부일망정 그렇게 길들여진 판사나 검사가 특권의식을 갖지 않는다면 오히려 그게 더 이상한 일이 아닐까? 박원순처럼 1980년 10월 제22회 사법시험에 합격한 문재인이 30여 년 후에 출간한 『문재인의 운명』(2011)에서 털어놓은, 사법고시 합격자의 특권을 말해주는 흥미로운 에피소드 하나를 감상해보자.

문재인은 학생 시위로 인해 갇혀 있던 경찰서 유치장에서 사법고시 합격 소식을 들었다. 이는 경희대의 경사였던지라 경희대 학생처장, 법대 동창회장 같은 분들이 면회를 와서

축하를 해주었다. 경찰은 이들이 유치장 안에서 소주와 안주 등으로 조촐한 축하파티를 벌일 수 있게끔 '특혜'를 베풀어 주었다. 문재인의 말마따나, "경찰 역사상 전무후무한 일"이 었다.[16]

한국의 유명 연예인들 중엔 '소년 가장'이었거나 '소녀 가장'이었던 이가 많다. 집안을 일으켜 세우기 위해 독한 마음을 먹고 연예계에 뛰어들어 목숨 걸고 열심히 일한 덕분에 성공했다는 감동 스토리다. 마찬가지로 과거엔 집안을 일으켜 세우겠다는 일념 하나로 사법고시에 도전한 이가 많았다. 노무현도 그런 경우였고, 문재인 역시 다르지 않았다. 문재인에겐 아버지의 사망이 그런 결심의 결정적 계기가 되었다.

"내게 기대를 걸었던 아버지에게 잘되는 모습이나 희망을 보여드리지 못한 것이 너무나 죄송스러웠다. 아버지를 위해서도 그냥 취업하는 정도로는 안 된다고 생각했다. 늦게나마 잘되는 모습을 보여드리고 싶었다. 사법시험을 보기로 결심했다. 어머니께 이왕 고생하신 거, 조금만 더 고생하시라고 말씀 드렸다. 49일(49재)을 치르고 다음 날 바로 집을 떠났다. 전남 해남의 대흥사로 갔다."[17]

사회가 버려 놓는 사법고시 합격자

1990년대 중반까지 연간 300명 선이었던 사법고시 선발 인원은 2001년부터 1,000명으로 불어났다. 사법고시 정원 1,000명 시대가 열리면서 다른 분야 전공자들도 시험 대열에 대거 끼어들었다. 2004년 사법시험 합격자 888명 가운데 서울대 출신은 334명이며, 이들 중 법학을 전공하지 않은 사람은 169명(50.6퍼센트)으로 법학 전공자 165명(49.4퍼센트)을 추월했다.

이 자료를 제시한 열린우리당 의원 최재성은 "서울대 학생들이 전공을 불문하고 고시 준비에만 매달리고 있음을 보여주는 것"이라며 "서울대가 인재를 거의 독점하는 현실에서 서울대생들이 다양한 분야의 핵심역량으로 성장하기보다 고시 준비에 뛰어드는 것은 국가 차원의 기회비용 손실"이라고 말했다.[18] 그러나 잘못된 세상을 탓해야지, 어찌 서울대생들을 탓할 수 있으랴. 사법고시가 출세의 지름길이라는 건 이미 충분히 입증된 사실인데다, 소위 '진보적'이라는 법조계 인사마저 고위공직에 임명될 때마다 변호사 개업 시절 1년에 10억대니, 20억대니 하는 거금을 벌었다는 게 밝혀졌는데, 어찌 사법고시를 외면할 수 있었으랴.

사법시험에 합격하고 사법연수원에 들어가는 순간, 사람들의 눈총을 받던 실업자에서 5급 공무원의 신분을 보장받게 된다. 사법연수원 1년을 마치고 2년차가 되면 직급이 다시 올라가 4급이 된다. 행정고시에 합격한 사무관이 4급 서기관이 되는 데 10여 년이 소요되는 것을 생각하면 파격적인 승진이다. 그리고 연수원 수료와 동시에 3급이 되니, 사람 팔자 시간 문제라는 건 이걸 두고 한 말은 아니었을까?

제33회 사법시험(1991년) 합격자이자 한동대 법대 교수(현재는 경북대 법학전문대학원 교수)인 김두식이 2004년 6월에 출간한 『헌법의 풍경: 잃어버린 헌법을 위한 변론』이라는 책을 보자. 그간 우리는 법조공화국을 법적·정치적으로는 많이 탐구해왔지만, 문화사회학적 연구는 비교적 등한시해왔다. 김두식은 이 책과 더불어 『불멸의 신성가족: 대한민국 사법 패밀리가 사는 법』(2009)을 통해 법조공화국에 대한 문화사회학적 연구를 본격적으로 보여주었다고 해도 과언이 아니다.

김두식은 『헌법의 풍경』에서 한국 사회가 사법고시 합격자를 어떻게 버려 놓는지 그걸 실감나게, 그리고 아주 재미있게 묘사했다. 고시 낙방 경험이 여러 차례 있는 사람들은 자신이 바퀴벌레나 파리처럼 느껴진다는데, 그 시점에서 들려온 합격 소식은 이들의 정신세계에 어떤 영향을 미칠까?
김두식은 "이전과 똑같은 것은 하나도 없는 새로운 세상이
펼쳐집니다. 이전에 자신을 우습게 보던 주변 사람들은 '그
친구가 역시 뭐가 달라도 달랐어'라며 축하와 경의를 표합니
다. 가족들은 선조의 묘소에 모여 만세를 부릅니다"라면서
다음과 같이 말했다.

"신분이 수직으로 상승하는 이런 경험은 우리들의 정신세
계에 충분히 나쁜 영향을 끼쳤습니다. 그날부터 습관적으로
'뭘요, 저는 운이 좋았을 뿐이에요'라고 겸손한 척하는 법도
배우지만, 이미 시험 합격자의 내면에 '나는 남과 다르다'는
의식이 자리 잡은 후입니다. 스스로를 벌레처럼 느끼게 하던
심리 공간을 특권의식이 메워가게 되는 것입니다. 겉으로는
늘 겸손한 사람이지만 내면세계는 '땅값 상승으로 한몫 잡게
된 졸부들'의 그것과 갈수록 비슷해져 갑니다."[19]

사법연수원은 부족주의 양성소

이때 나타나는 사람들이 바로 마담뚜 아줌마들이다. 정체를
알 수 없는 아줌마들의 전화가 집으로 걸려오기 시작한다.

이들은 사법연수생의 어머니를 상대로 한 번 만나 이야기나 들어보시라고 집요하게 조른다. 거듭된 거절에도 한 달에 한 번씩 꼬박꼬박 전화를 걸어 문안을 여쭙는 '프로' 마담뚜 아줌마도 있다. 사법연수생들 사이에서는 누구는 빌딩 한 채를 제안받았다고 했고, 누구는 최소한 10억 원을 지참금으로 보낼 거라는 약속을 받았다는 이야기가 오고간다. 사법연수생들은 그런 이야기를 들을 때마다 허리를 구부려가며 웃었다지만, 과연 그게 전부일까?

"이런 이야기를 듣는 동안 우리 머릿속으로 알게 모르게 '우리는 얼마짜리'라는 생각이 자라나고 있음을 깨닫지 못했던 것입니다. 그리고 주변에는 하나둘, 신붓감을 설명할 때 '신부가 어떤 사람인지'를 이야기하는 대신, 묻지도 않은 '신부 아버지의 신분과 직업'을 이야기하는 연수생들이 늘어갔습니다.……주변의 총각들이 하나씩 여유 있는 집에 장가 가서 좋은 집과 자동차를 장만하는 것을 볼 때마다, 우리는 '그 친구가 그럴 줄 몰랐다'며 한탄했지만, 은연중에 '나도 그 정도는 받을 수 있는 사람'이라는 의식이 싹터가고 있었던 것입니다. 혐오 속에서 내면화되는 특권의식이라고 해야 할까요."[20]

사법연수원은 '부족주의 양성소'라고 해도 좋을 정도로 법조인에게 특권의식과 더불어 부족주의를 키워주는 곳이기도 했다. 법조인들은 왜 그렇게 '가족'이라는 말을 좋아하는 걸까? 대법원장, 법원장, 검찰총장 등 법조계 지도자들은 '법원 가족', '검찰 가족' 등과 같은 표현을 즐겨했으며, 심지어 '가족'이 어울릴 것 같지 않은 대한변호사협회장들마저 "우리는 공동운명체" 같은 말을 통해 연대감을 과시했다. 이에 대해 김두식은 "실제로도 법조계는 지금까지 일종의 가족이었고 공동운명체였습니다"라면서 다음과 같이 말했다.

"우선 법률가들은 사법연수원이란 단 하나의 뿌리를 가지고 있습니다.……법조인들은 모두 사법연수원 선후배 또는 동기라는 끈으로 연결됩니다. 거기다가 사법연수원의 다수를 차지해온 몇몇 법대 출신이라는 끈이 추가되면 결속은 더욱 강화됩니다.……법률가들에게 이와 같은 '하나의 뿌리'는 거의 독약에 가깝습니다.……우리처럼 인간관계가 거미줄처럼 얽힌 나라에서는 더욱 그렇습니다. 절대로 가족적이어서는 안 되는 것이 바로 법조계입니다."[21]

그건 다 옛날이야기라는 반론도 가능하겠지만, 법조계 상층부의 부족주의는 여전히 건재하다. 법조계가 정치권의 진영 전쟁에 휘말려 들면서(또는 자진 참전하면서) 그 부족주의에 균열이 일어나기도 하지만, 그 갈등의 추악함이라는 점에선 결코 반길 일은 아니었다.

'소용돌이 사회'가
만든
법조 특권주의

왜 한국은 '소용돌이 사회'인가?

정약용丁若鏞, 1762~1836은 경자유전耕者有田의 원칙과 토지의 완전 국유화를 주장한 조선의 위대한 선각자요 개혁가였다. 하지만 그런 위대한 인물조차 죽기 전 자녀들에게 무슨 일이 있어도 사대문 밖으로 이사 가지 말고 버텨야 하며 서울을 벗어나는 순간 기회는 사라지며 사회적으로 재기하기 어렵다고 경고했다.[1]

사정이 그러했던 만큼 지방 관리들은 서울에 줄을 대기에 바빴다. 1894년 1월에서 1897년 3월까지 조선을 네 번이나 방문했던 영국 여행가 이사벨라 비숍Isabella Bishop, 1831~1904이 쓴 『조선과 그 이웃 나라들』이란 여행기를 잠시 들여다보자. 여행기라서 그렇지 사실 "서울이 곧 한국이다"는 진단의 원조는 비숍이다. 그는 다음과 같이 말했다.

"모든 한국인의 마음은 서울에 있다. 지방 관리들은 수도에 따로 저택을 갖고 있으며, 연중 많은 기간 부임지의 직무를 경시해도 된다고 믿고 있다.……어느 계급일지라도 서울에 사는 사람들은 단 몇 주라도 서울을 떠나 살기를 원치 않는다. 한국인들에게 서울은 오직 그 속에서만 살아갈 만한 삶의 가치가 있는 곳으로 여겨진다."[2]

한국 정치의 최대 특수성은 오랜 역사를 자랑하는 이런 서울 초집중화 체제다. 이건 서양 정치이론으론 도저히 설명할 수 없는 한국적 현상이다. 이런 한국적 특수성을 가장 먼저 간파한 연구가 미국의 한국 전문가인 그레고리 헨더슨 Gregory Henderson, 1922~1988의 『소용돌이의 한국정치』(1968)다. 반세기 전에 나온 책이지만, 이 책의 핵심 메시지는 여전히 유효하다. 그건 바로 '중앙과 정상을 향한 맹렬한 돌진'이다. 정치학자 김달중이 잘 분석·요약했듯이, 이 책의 메시지는 다음 네 가지다.

첫째, 한국 사회를 이해하는 핵심적 열쇠는 동질성 homegeneity과 중앙집중centralization에 있다. 둘째, 엘리트와

대중 간에 매개그룹이 없는 사회관계로 인해 한국 정치의 역학은 사회의 모든 활동적인 요소를 태풍의 눈인 중앙권력을 향해 치닫게 하는 거센 소용돌이vortex를 닮았다. 셋째, 이런 중앙집중적 환경 속에서 한국의 정치는 당파성, 개인 중심, 기회주의성을 보이면서 합리적 타협의 기초를 결여하게 되었다. 넷째, 소용돌이 정치 패턴에 대한 처방은 다원주의pluralism와 분권화decentralization다.[3]

이런 소용돌이 현상은 정치뿐만 아니라 사회 전 분야에 걸쳐 나타났다. 그레고리 헨더슨은 "한국에서 집단을 만드는 것은 주로 구성원들을 권력에 접근시키기 위한 기회주의적 수단이었으며, 서로간 별 상이점이 없기 때문에 각 집단은 구성원의 개성과 그 당시 권력과의 관계에서만 구별할 수 있다"며 다음과 같이 말했다.

"한국의 여러 조직들은 조직 자체나 조직원들이 중심축을 향해 상승하는 흐름에 참여하려고 하는 아메바적 성격을 갖고 있어야 했다.……모든 가치는 중앙권력에 속했다. 권력 기반도, 안정성도, 야심을 만족시킬 수 있는 대체 수단도 없이 권력을 행한 경쟁에 뛰어드는 사람들이 계속 증가했다. 이 사회는 높이 솟은 원추형 소용돌이라는 특유의 형태를 만들어냈다."[4]

경성제국대와 고등시험이 조성한 법조 특권주의

권력! 오직 권력만이 살 길이었다. 권력을 가진 양반 계급의 양민 착취 또는 갑질이 워낙 심했기 때문이기도 했다. 그래서 생겨난 게 바로 가짜 양반이다. 역사학자 이덕일의 조사에 따르면, 대구 지역에서 1690년(숙종 16)에는 양반이 9.2퍼센트, 양민이 53.7퍼센트, 노비가 37.1퍼센트였다. 약 100년 뒤인 1783년(정조 7)에는 양반이 37.5퍼센트, 양민은 57.5퍼센트, 노비는 5.0퍼센트로 되었다. 그 70여 년 뒤인 1858년(철종 9)에는 양반이 70.3퍼센트, 양민이 28.2퍼센트, 노비는 1.5퍼센트로 줄었다. 조선 말기에는 양반이 80~90퍼센트가 되었다고 한다. 양반 족보를 돈으로 사거나 위조해서라도 양반 시늉을 내지 않으면 살 수가 없었기 때문이다.[5]

권력에 맺힌 한恨은 일제강점기에도 마찬가지였다. 자신들의 운명을 자기 스스로 결정할 수 없는 식민통치 체제하에서 오죽 정치가 하고 싶었겠는가? 해방 직후 밀어닥친 정치 홍수 사태는 바로 이런 배경에서 비롯된 것이지만, 일제강점기에서도 아주 작은 출구가 존재하긴 했다. 조선총독부가 조선인에 의한 교육운동을 억누르고 식민지 지배의 효율화를 노려 1924년에 세운 경성제국대학(서울대 전신)을 나오면 '요보('쪽바리'의 상대어)'의 굴레를 벗어날 수 있었다.

전체 조선인 누적 졸업생이 810명에 불과했을 정도로 경성제국대학 졸업장은 희소가치가 있었다. 물론 조선인 학생들의 고시 열풍은 뜨거웠다. 예과를 거쳐 본과로 갈 때에 거의 대부분 법학과로 진학했다. 문학계 학과를 졸업한 학생들은 고시 준비를 하기 위해 다시 법학과로 진학해 2개의 학위를 얻는 경우도 적지 않았다. 식민고등관료로 진출하기 위한 고시 열풍 문화가 형성된 것이다.[6]

경성제국대학은 조선인 학생들에게 일본식 엘리트주의, 즉 일본 지배층의 '무사적 윤리'를 심어주는 악영향을 초래했다. 조선인 학생들은 일본인 학생들이 하는 '객기 부리기'에 동참했다. '달리는 전차 세우기'를 하거나 '파출소 앞에서 일본인 경찰관의 발에 오줌 누기' 등의 만용적 행동을 따라 한 것이다. 정선이는 『경성제국대학 연구』(2002)에서 "이러한 행동은 한국의 전통문화에서 발견하기 힘든 것이다. 식민지 사회에서 조선인 학생이 이러한 만용적 행동들을 할 수 있었다는 사실은 주목할 만하다"고 했다.[7]

사법고시 합격자들의 노상 방뇨 의례

흥미롭게도 그런 '객기 부리기'는 훗날 한국의 일부 사법고시 합격자들에게도 똑같이 나타난다. 법조인을 특권층으로 인식하는 '법조 특권주의'의 수혜자로 입문하게 된 것을 자축하는 의례儀禮라고나 해야 할까? 그런데 그들에겐 나름의 의미가 있을 의례가 교통법규 위반이나 노상 방뇨 등과 같은 경범죄 저지르기로 나타났다는 것은 너무 측은하지 않은가?

경성제국대학을 나왔다고 해서 곧장 출세가 보장된 건 아니었다. 경북대 법학전문대학원 교수 김두식은 『법률가들: 선출되지 않은 권력의 탄생』(2018)에서 "제대로 사람 대접을 받으려면 고등시험에 붙어야 했다"며 "해마다 봄이 오면 식민지 조선의 많은 법학도들이 부산에서 시모노세키로 향하는 관부연락선에 올랐다. 6월 말 도쿄에서 시행되는 고등시험 사법과에 도전하려는 젊은이들이었다"고 말한다. 그의 말을 더 들어보자.

"아예 1년을 잡고 일본에 머물며 시험을 준비한 사람들도 많았다. 일본 본토에서는 이보다 훨씬 많은 조선인 유학생들이 시험 대열에 합류했다. 가난한 청년들은 꿈도 꿀 수 없는 길이었다. 시험을 치르려면 왕복 여비뿐만 아니라 물가가 비싼

도쿄에서 최소한 한 달을 버틸 돈부터 마련해야 했다. 그래도 얼마나 많은 조선 청년들이 이 경로를 오갔는지, 수험생들 사이에서는 시모노세키에서 도쿄까지 기차를 타고 이동할 때 후지산을 바라보면 시험에 떨어진다는 징크스가 존재할 정도였다."[8]

오늘날 '법조 특권주의'를 비판하는 목소리가 높다. 특히 검찰을 향한 비난이 쇄도한다. 그런데 나는 그런 모습을 볼 때마다 피식 웃음이 나온다. 법조 특권주의의 동력은 '소용돌이 사회'인데, '소용돌이 사회'를 만들기 위해 애를 쓴 사람들이 '법조 특권주의'를 비난하는 데에 앞장서고 있기 때문이다. "나의 특권은 대의를 위한 것이라 아름답지만, 너의 특권은 사리사욕을 위한 것이라 추하다"는 식이다. 그런 내로남불을 진지하고 심각한 표정으로 저지르고 있으니, 어리석다고 해야 할지 위선적이라고 해야 할지 모르겠다.

권력을 대하는 사람의 뇌는 건강한가?

앞서 소개한 김두식의 『헌법의 풍경: 잃어버린 헌법을 위한 변론』(2004)에 이어 이 책의 후속작인 그의 『불멸의 신성가

족: 대한민국 사법 패밀리가 사는 법』(2009)의 주요 내용을 살펴보기로 하자(이 두 책의 개정판은 각각 2011년, 2019년에 나왔다). 김두식이 『법률가들』에서 스스로 요약한 바에 따르면 이 두 책은 다음과 같은 내용이다.

"시험 한 방으로 인생이 좌우되던 법률가 탄생 과정, 판검사 임용에 목숨을 거는 경쟁 구조, 법률가 집단 특유의 특권의식과 내부 서열, 살인적인 업무량, 전관 양산과 평판 형성, 그 사이로 독버섯처럼 자라나는 브로커, 법조계 전체를 지배하는 '원만함' 이데올로기 등이 형편없는 법률 서비스를 만들어왔다."[9]

나는 그런 다양한 내용 중에서도 특히 '사회가 버려 놓는 사법고시 합격자'에 관한 이야기에 관심이 있다. 법조공화국은 법조인이나 관官에 의해서만 만들어진 게 아니라, 사법고시 합격자를 대하는 일반 국민의 자세와 태도도 큰 영향을 미친 '민관합동'의 작품이라고 보기 때문이다. 아일랜드 신경심리학자 이언 로버트슨Ian Robertson은 "권력을 쥐면 사람의 뇌가 바뀐다"고 했는데,[10] 우리는 동시에 권력을 대하는 사람의 뇌는 건강한지 살펴보면서 권력을 대하는 자세에도 관심을 가져야 하지 않겠느냐는 것이다.

제목에서부터 법조계의 부족주의를 고발하는 『불멸의 신

성가족』은 김두식이 공동연구자인 변호사 김종철과 함께 2008년 2월부터 7개월 동안 법조계 안팎 23명을 만나 심층 면담을 하고 구술을 녹취하는 등 엄청난 공을 들인 작품이다. 검사, 전·현직 판사, 변호사를 만났고, 법원 일반 공무원과 변호사실 직원, 이른바 '브로커'로 불리는 사건 수임 중개업자도 만났고, 소송 경험자와 신문기자, 교수, 결혼소개업자(속칭 마담뚜)의 구술도 들었다. 그런데 가장 가슴에 와닿는 건 '들어가는 글'에 쓴 김두식의 자기 고백이다.

"시험에 합격한 다음 날부터 당장 제 말에 힘이 실리기 시작했습니다. 친척들과의 모임에 가도 어른들이 앞다투어 저와 이야기를 나누려는 듯했습니다. 그런 상황에서 저는 겸손해야 한다는 강박을 느꼈고, 합격 이전의 정신 상태를 유지하려고 최대한 노력했습니다. 그런 노력이 어느 정도 성공했다고 자부했는데, 검사를 그만두고 꽤 시간이 흐른 뒤 어머니께 충격적인 이야기를 전해 들었습니다."

도대체 어떤 이야기였길래 충격을 느낀 걸까?

"네 이모가 지난번에 그러더라, 두식이가 검사 하는 동안 애가 좀 이상해졌나 생각했다고. 젊은 애가 왜 늘 뒷짐을 지고 걷는지, 어른들을 모신 자리에서 왜 늘 중심에 있으려고 하는지, 쟤가 원래는 안 그랬는데 검사가 되더니 아예 영감

노릇을 하려나 생각했다고 하더라."[11]

'불멸의 신성가족'은 판검사가 누구도 범접하기 어려운 '거룩함'과 불가침의 '성역'이 된 집단이라는 의미에서 붙여진 이름이다. 신성가족 진입에 성공한 판검사들은 영광스러운 '인간 승리'를 구현해 보인 것이지만, 구술자인 철학자 변상환은 사법시험에 대해 전혀 다른 견해를 제시했다. "오로지 자기 욕망 하나에 의해서, 수년에 걸쳐서 자기를 채찍질해서 결국 거머쥔 합격증이니까 저는 그것 자체가 인간성의 파괴, 어떤 조직적인 파괴의 과정이라고 생각해요."[12]

법조인들의 타고난 '서열 중독'

사법시험에 합격한 이후에도 살벌한 경쟁은 계속된다는 데에 신성가족의 비극이 있다. 신성가족 안에도 명백한 등급이 있기 때문이다. 어느 사회를 막론하고 등급 없는 조직이 있을 리 없지만, 신성가족의 등급 서열제가 가장 심하다는 걸로 이해하면 되겠다. 김두식은 "법조인으로 살아남으려면 사법연수원에서 더 심한 경쟁을 해야 합니다. 한 번 정해진 서열은 좀처럼 바뀌지 않으므로, 출발선에서 유리한 고지를 선점하는 것이 중요합니다"라면서 다음과 같이 말한다.

"법조계 내부에는 각종 서열들이 벗겨도 벗겨도 끝이 보이지 않는 양파껍질처럼 두껍게 자리 잡고 있습니다. 판검사들 세계에도 엘리트와 그렇지 못한 사람들을 가르는 다양한 기준이 있습니다. 관료화된 조직에서 이런 서열은 법조인들에게 말할 수 없는 스트레스를 줍니다. 변호사들도 어디 출신으로 어떤 로펌에서 일하는지에 따라 또 나름의 서열이 매겨집니다.⋯⋯판사들은 길을 걸어도 언제나 이 (서열) 순서대로 걷고, 등산을 해도 이 순서 그대로 산에 올라가며, 심지어는 화장실을 들어갈 때도 이 순서대로 들어간다는 농담이 있을 정도입니다."[13]

서열 중독은 검사가 판사에 비해 한 수 위다. 2006년부터 검사로 일한 정명원이 『친애하는 나의 민원인: '외곽주의자' 검사가 바라본 진실 너머의 풍경들』(2021)에서 초임 검사 시절 겪은 일들을 털어놓은 게 재미있다. 부장실에서 회의가 있으니 검사들은 모두 오라는 연락을 받고 막내인 자신이 제일 먼저 회의실에 가야 할 것 같았다고 생각한 것까진 좋았는데, 거기까지만 생각한 게 문제였다.

인상 좋은 부장님이 환하게 웃으며 앉으라기에 가장 안쪽 자리에 앉았다나. 회의가 끝나고 검사실로 복귀하자 자신의 지도를 담당하는 선배(사부검사)가 조용히 부르더니 이런 말을 했다고 한다. "선배들이 오면 자리를 양보해야지, 그대로 앉아 있으면 안 돼." 그게 무슨 말인지 이해가 되지 않았지만 되물을 용기가 나지 않아 그냥 알겠다고만 대답했다나.

정명원은 "회의실 자리에도 지엄한 법도가 있다는 사실을 그때는 꿈에도 몰랐다. 회의실 자리 배치뿐 아니라 밥 먹는 식당에서도, 물컵과 수저를 놓는 순서에도, 하다못해 노래방에서 노래 부르는 순서에도 예외 없이 적용되는 '석순'이라는 원칙이 있다는 사실을 머지않아 알게 되었다"며 다음과 같이 말한다.

"석순이란 건 그러니까 몇 가지 원칙으로 정해둔 서열이다. 가장 우선되는 기준은 연수원 기수, 그다음으로 사법시험 기수, 임관 연도, 나이순이다. 이런 원칙에 따라 전국의 모든 검사들을 한 줄로 세울 수 있다. 모든 일에서 검사의 자리와 순서를 정하는 원칙을 미리 명확히 해둔다는 측면에서 석순 문화는 나름 편리하고 유용한 측면이 있다. 누가 부장님 옆자리에 앉을지, 누가 먼저 술잔을 받을지를 매번 고민하지 않아도 된다는 것이므로 불필요하게 우왕좌왕할 일을 줄여줄 수 있다."[14]

그런 서열제가 좋은 점도 있겠지만, 검찰의 인사기록카드인 '블루북'에 함께 검사로 임관한 연수원 동기생 간의 서열이 숫자로 표시되어 있다는 건 좀 심하지 않은가? 나름의 객관화 작업을 거쳤다지만, 주관적인 평가가 모여 결국 검찰 내부의 서열화를 부추긴다는 지적이 나오는 건 당연한 일이다. 그럼에도 법무부 검찰국의 입장은 "외부에서 볼 때는 과열 경쟁을 부추긴다고 여길 수 있겠지만, 2,000명이 넘는 검사를 관리하기 위해선 꽤 합리적인 제도"라는 것이다.[15] 가장 큰 문제는 그런 엄격한 서열제가 이 세상을 오직 관리의 대상으로만 보게끔 만드는 게 아닐까?

'천재, 신동'이었던 이들의 특권의식

다시 『불멸의 신성가족』으로 돌아가자. 판검사들은 어려서부터 늘 '천재, 신동' 소리를 들었던 사람들이며, 지방에서 서울 법대 들어간 사람은 한 군郡에 한 명 정도에 불과했다. 어린 시절부터 '서열 중독'과 더불어 '특권의식'에 빠지기 쉬운 환경에서 성장해왔다고 볼 수 있다. 법원 일반직으로 고위직에 오른 구술자는 법관 조직에 대해 이렇게 말했다. "옛날부터 독불장군이거나 유아독존적이거나 자기만 똑똑하다고 생각하거나 이런 친구들이 굉장히 많은 동네다."[16]

그런 친구들은 자신이 누리는 모든 수혜와 특권은 철저히 자신의 능력에 따른 것이라고 믿는다. 아니 그렇게 믿게끔 길들여졌다. 사회비평가 박권일이 『능력주의와 불평등: 능력에 따른 차별은 공정하다는 믿음에 대하여』(2020)에서 잘 지적했듯이, "고시는 한국인이 생각하는 능력주의의 이상에 가장 가까운 제도였다"는 걸 상기할 필요가 있겠다. 박권일은 한국에서 가장 오래된 고시 잡지인 『고시계』에 실린 합격자들의 합격 소감을 분석한 결과에 대해 다음과 같이 말한다.

"『고시계』에 실린 수많은 합격 수기와 조언들은 마치 (경제적) 환경의 차이가 전혀 존재하지 않는 것처럼, 고시 제도야말로 완벽한 개인 능력의 경쟁인 것처럼 묘사하고 있다. 수천, 수만의 실패와 불운은 지워지고, 몇몇 승자가 용이 되어 승천하는 장면을 장구한 세월에 걸쳐 보여줌으로써, 고시 제도는 능력주의를 끊임없이 퍼 올리는 가장 강력한 원천이 될 수 있었다."[17]

그런데 그런 사람들이 어느 순간 조직에선 '원만함'도 중요한 평가의 기준임을 깨닫게 된다. 그래서 승진을 위해서라도 '원만함', 특히 '윗분들을 향한 원만함'을 보여주기 위해 노력한다. "공부를 잘한 사람들은 기본적으로 타인의 요구에 자신을 잘 맞춰온 사람들"이기 때문에 그게 그렇게 어려운 일은 아니지만, 평생 그렇게 살 필요는 없다. 이에 대해 김두식은 다음과 같이 말한다.

"능력과 원만함을 통해 넘어서야 하는 마지막 벽인 고등법원 부장판사로 승진하고 나면, 그동안 너무 오래 억압당한 자아가 고개를 내밀기 시작합니다. 물론 이후에도 계속 평가를 받지만, 이때부터는 순서대로 법원장도 나갈 수 있고, 운이 따르면 대법관이나 헌법재판관도 될 수 있으므로, 이제야 비로소 자기 목소리를 낼 수 있게 되는 것입니다. '원만함'이란 게 기본적으로 윗분들을 향한 것인데, 고등법원 부장판사가 되고 나면 그렇게 바라보아야 할 윗분들이 현저히 줄어든 것도 중요한 요인일 겁니다."[18]

판검사의 '억압당한 자아'와 갑질

억압당한 자아는 다른 방식으로 표출될 수도 있다. 지난 2009년 39세 판사가 69세 소송 당사자(민사사건 원고)에게 법정에서 "버릇없다"고 말해 논란이 된 사건이 있었다. 원고가 소송 상대방 주장에 이의를 제기하려고 "판사님" 하는 순간 "조용하세요, 어디서 버릇없이 툭 튀어나오고 있어"라면서 "할 말 있으면 손을 들어 발언권을 얻어서 하라"고 면박을 주었다는 것인데, 모멸감을 이기지 못한 원고는 국가인권위원회에 "인격권을 침해당했다"며 진정을 냈다. 국가인권위원회는 소송 당사자의 인격권을 침해했다는 판단을 내리고 소속 법원장에게 주의조치를 하도록 권고했다.[19]

사실 판사들의 이런 '갑질 언어'는 정기적인 뉴스거리가 된 지 오래다. 그간 보도된 사례들을 보면, "어디서 끼어들어", "입은 터졌다고 말이 계속 나오나" 하는 식의 고압적 태도를 보이고, "IQ(지능지수)가 얼마야. 거의 제로 수준이군" 같은 막말을 내뱉기도 한다.[20] 또 어떤 판사들은 "공무원 새끼들이 하여튼…", "에이, 저런 사람이 무슨 공인중개사를 한다고…", "딱 봐도 짜고 치는 것 아니에요?" 등 막말을 일삼았고, 증인에게 '당신'이라는 호칭을 지속적으로 사용하기도 했다. 변호인에게 "법원에 도전하는 거냐. 법대로 해주겠다"고 윽박지르는가 하면, "그냥 놔뒀더니 신났네" 하며 비아냥거린 판사들도 있었다.[21]

그런 갑질 언어에서 검사가 어찌 판사에게 밀릴 수 있으랴. 대한변호사협회가 2016년 처음으로 시행한 검사평가제에 따라 서울지방변호사회 소속 변호사가 서울 지역 검사들을 대상으로 평가한 1,079건의 검사평가표에 따르면, '막말 검사', '호통 검사' 등 피의자의 인권을 침해하는 수사 검사의 사례가 낱낱이 적혀 있었다.

사기 사건과 관련해 항고인에게 "사기 당한 놈이 미친놈 아니냐", "내가 조사할 이유가 어디 있느냐"고 막말을 하며 항고를 기각한 검사, "모 지역 교도소나 구치소에서 나는 또라이로 알려져 있다", "시간이 되면 (고소인의) 회사를 압수수색하겠다", "검찰청은 들어오는 것은 자유지만 나가는 것은 마음대로 안 된다"고 말하는 등 위압적인 언행으로 고소인을 압박한 검사도 있었다.[22]

법조 개혁은 증오와 혐오로 이루어질 수 없다

판검사들의 '갑질 언어'는 별 실속 없는 '법조 특권주의'의 발현이지만, 그 대미를 장식할 실속형 특권주의가 있으니 그게 바로 '전관예우前官禮遇'를 이용한 축재蓄財다. 이건 끈끈한 동업자 의식이 전제되어야 하는 것이므로, 현직 시절에 갈고 닦은 '원만함'이 이때에 비로소 빛을 발하게 된다. 서울지방변호사회가 2013년 6월 소속 변호사 761명을 상대로 '전관예우가 존재한다고 생각하느냐'고 물은 결과, 90.7퍼센트 (690명)가 '존재한다'고 대답했다.[23] 놀랍지 않은가?

더욱 놀랍고도 흥미로운 건 검찰 개혁에 목숨을 건 것처럼 난리법석을 떨던 정권이 그 문제엔 전혀 관심이 없었을 뿐만 아니라 사실상 방관하거나 부추기는 짓을 저질러놓고도 그게 왜 문제가 되느냐는 식으로 고개를 빳빳하게 쳐들었다는 점이다. 아니, 역대 어느 정권이 그 문제에 진지한 관심을 보이기라도 했던가? 전관예우의 실상에 대해선 나중에 자세히 다루겠지만, 우리가 진정 검찰 개혁을 포함한 법조 개혁에 관심을 갖고 있다면 누구의 원한을 갚겠다는 식으로 정치·정략적 증오·혐오에 의해 추동되는 '개혁'과 결별해야 한다.

날이 갈수록 '소용돌이 사회'는 악화되고 있다는 점에 주목해야 한다. '중앙과 정상을 향한 맹렬한 돌진'이 학벌주의와 결탁하면서 보통 사람들까지 '법조 특권주의'의 잠재적 고객으로 변질되어가고 있잖은가? 지방민이 '지방 살리기' 대신 가족 중심의 각자도생各自圖生을 꾀하는 것과 비슷하다. 자식을 서울로 보내 성공하게 만들면 되지 왜 모두를 위한 쓸데없는 일에 힘을 뺀단 말인가? '법조 특권주의'도 마찬가지다. 내 가족 중에서 법조인 나오게 만들면 된다는 게 해법으로 통용되고 있다.

법조인이라고 해서 다 똑같은 법조인이 아니다. 출신 성분이 절대적으로 중요하다. 2년 전 어느 수습 변호사가 자신이 소속된 법무법인의 대표가 자신에게 폭언, 부당지시 등을 했다는 진정을 대한변호사협회에 접수한 적이 있다. 그가 대표에게서 가장 많이 들은 말이 "서울대도 못 나온 루저"였다나.[24] 아니, 세상에 이렇게 솔직한 사람도 있나? 그런 말은 대부분 뒷담화로 하는 건데 그렇게 대놓고 말하다니 얼마나 솔직한가 말이다.

2020년 국내 12대 로펌에 입사한 신입 변호사 235명 가운데 서울대 로스쿨 출신이 104명, 연세대가 41명, 고려대가 40명으로 이들 세 학교 출신이 78.7퍼센트를 차지했다. 그래서 나타난 게 이름 없는 로스쿨에 불어닥친 '반수 열풍'이다.[25]

충청 지역 로스쿨에 다니는 어느 학생은 "동기 10명 중 8명 정도는 서울 상위권 대학 로스쿨 가려고 반수에 도전하겠다는 분위기"라고 말했다. 한 지방대 로스쿨 교수는 "지방 로스쿨은 반수로 상위권 학생들이 빠져나가면서 변호사 시험 합격률이 떨어지고, 이에 반수하는 학생들이 더 늘어나는 악순환이 반복되고 있다"며 "애초 로스쿨 입학생 대부분 수도권 출신이기 때문에 졸업 이후엔 아무도 지방에 안 남는 것도 문제"라고 말했다. 오죽하면 영남대는 2024년 8월 발표한 2025년도 로스쿨 신입생 모집 요강에 "다른 로스쿨로 '반수'할 학생은 지원하지 말라"는 안내문을 넣었겠는가?[26] 이렇듯 특권을 향한 맹렬한 돌진을 기본 문법으로 장착한 법조계에서 정의를 찾는다는 게 좀 이상하게 여겨지지 않겠는가?

'서울대 법대 정치인'은
왜
실패하는가?

서울법대동창회의 정신적 좌절

"우스운 얘기지만 내가 법대생이던 1960년대에 법대 구술
시험에는 '자넨 왜 법대에 지망했나?'라고 물으면, '대통령
이 되고 싶어서 왔습니다'라고 대답하는 학생들이 상당수 있
었다. 그러면 교수는, '대통령이 되려면 육사에 가야 하는 것
아닌가?' 하고 되물었다고 한다."[1]

서울대 법과대학 법학전문대학원 명예교수 최종고가
2013년에 출간한 『서울법대시대: 내가 본 서울대 반세기』라
는 책에서 한 말이다. 신동호는 『인물로 보는 오늘의 한국정
치와 6·3세대』(1996)에서 1960년대 초반까지만 해도 서울

법대 고시파들은 고시에만 몰두했다며 다음과 같이 말했다.

"구름다리를 사이에 두고 학창 시절을 같이 보냈던 동숭동의 두 영재 집단, 즉 서울대 문리대와 법대의 풍토는 지극히 이질적이었다. 체제비판형의 문리대와 체제순응형의 법대 컬러를 단적으로 표현해주는 유행어가 있었다. '문리대는 데모하면 출세하고 법대는 데모하면 망한다.' 법대에 고시생이 많은 건 당연했다. 법학 자체가 체제 유지를 위한 학문이기도 했다. 고시파들에게는 미래를 위한 자신과의 고독한 싸움 외에 달리 사회정의가 어쩌고 민족의식이 저쩌고 할 겨를이 없었다."[2]

그런데 1965년 들어 한일협정을 반대하는 학생운동이 고개를 들면서 이상한 바람이 불어닥쳤다고 한다. 신동호는 "법대가 서울대 학생운동, 나아가서 전국 학생운동의 본진으로 탈바꿈하는 대사건의 시작이었다. 변화를 몰고 온 주역은 3학년 그룹인 63학번이었다"며 다음과 같이 말했다.

"그 가운데서도 척사회拓士會라는 괴이한 이름의 결사체가 새로운 기류의 가장 강력한 진원지였다. '선비를 개척한다'라는 뜻의 척사회는 학생이 공식 서클이 아닌 법대 63학번들의 임의단체였다. 구성원은 재수나 삼수 이상을 해서 법대에 들어온 지방 출신 '노털'들이 대부분이었다.……이들은 하나같이 법대의 '고시지상주의' '입신양명주의' 풍토가 마음에 들지 않아 회의에 빠져 있었다. 그리고 고향의 부모님들은 곧 자신들이 고시에 합격해 '금의환향'할 줄을 철떡같이 믿고 있다는 것도 잘 알고 있었다. 이들은 '대의'를 위해 부모님들의 '소의'를 배신해야 했다."[3]

육법당과는 다른 방식으로 정치에 참여할 수 있는, 아니 참여할 수밖에 없는 길이 열린 셈이었다. 당시 척사회의 일원이었던 김덕룡과 이협이 그랬듯이, 야당에서 정치를 할 수도 있었던 것이다. 그렇긴 하지만, 1970년대 들어 유신체제가 들어서면서 판사들은 '자판기 판결' 또는 '정찰제 판결'을 할 수밖에 없는 치욕적인 상황으로 내몰렸다. 이걸 잘 보여준 게 1974년에 벌어진 민청학련(전국민주청년학생총연맹) 사건이었다.

민청학련 사건의 3대 세계 기록

중앙정보부의 발표에 의하면 민청학련 사건 관련자로서 관계 기관의 조사를 받은 사람만도 1,204명에 달했으며, 피고인들 중에는 이철, 유인태, 여정남, 나병식, 윤한봉, 정상복,

안량로, 이근성, 김영일(김지하), 유근일, 김병곤 등 기독청년 및 학생운동권 핵심 인물들이 망라되어 있었다. 군법회의는 180명의 피고인 중에서 14명에 사형, 13명에는 무기징역, 28명에는 15년에서 20년을 구형했다.[4]

당시 선고는 구형한 그대로 떨어졌기 때문에 이를 가리켜 변호사 한승헌은 그러한 재판에 대해서 '자판기 판결' 또는 '정찰제 판결'이라는 이름을 붙였다.[5] '정찰제 판결'도 세계적인 기록이었겠지만, 이 사건은 "기소자들의 선고형량 합계가 1,650년이나 돼 단일사건으로는 세계 사법사에도 전무후무한 기록적 사건"이라는 점에서 많은 사람을 경악시켰다.[6]

이 사건은 또 하나의 세계적인 기록을 세웠다. 변호사가 법정에서 변론 도중 끌려나가는 기록을 세운 것이다. 1974년 7월 9일, 법을 유린하는 민청학련 재판의 어이없는 작태에 대해 변호인 강신옥은 변론 도중 다음과 같이 말했다. "나는 오늘 과연 법은 정치나 권력의 시녀가 아닌가 생각한다. 지금 검찰관들은 나랏일을 걱정하는 애국 학생들을 내란죄 국가보안법 반공법 위반 등을 걸어 빨갱이로 몰고 사형이니 무기니 하는 형을 구형하고 있다. 이것은 법을 악용하는 '사법 살인' 행위가 될 수 있다."[7]

강신옥의 말이 끝나기도 전에 재판장이 제지했고 법정 안에 있던 중앙정보부 요원들이 강신옥을 끌고 나갔다. 그는 그 날로 풀려났지만 박정희의 지시에 의해 며칠 후인 7월 15일 에 법정모독죄 및 긴급조치 제4호 위반이라는 이유로 구속 되었다. 다른 변호사들에게 본때를 보여야 한다는 게 구속 사유였다고 한다. 그러나 강신옥의 구속은 신문에 단 한 줄 도 보도되지 않았다. 긴급조치 위반 사실을 허가없이 보도하 는 것 자체가 긴급조치 위반이었기 때문이다.[8] 이에 대해 이 상우는 다음과 같이 말한다.

"법정에서의 변론이 문제가 되어 변호사가 구속된 일은 사법사상 초유의 일이었다. 이러한 일은 일반적으로 통용되 는 변호사의 법정면책특권에 대한 도전일 뿐만 아니라 '변호 인은 재판에 관한 직무상의 행위로 인하여 어떠한 처분도 받 지 아니한다'는 군법회의법 제28조의 명문 조항에도 위배된 다는 의견이 유력했다."[9]

강신옥은 1974년 9월 20일 1심인 비상보통군법회의에 서 징역 10년에 자격정지 10년을 선고받았고, 2심인 비상고 등군법회의에서 항소 기각 판결을 받았다. 강신옥은 1974년 11월 대법원에 상고했으나, 1975년 2월 15일 대통령 특별 조치로 석방되었을 뿐, 사건 자체는 오랫동안 대법원의 미 제未濟 사건으로 계류되어 있다가 10여 년 후인 1985년 1월

29일에서야 원심 파기와 고법으로 이송 판결을 받았다.[10](전두환의 5공화국에선 훨씬 더 심한 일도 벌어졌다. 전두환은 대통령이 되기도 전에 대법원장 이영섭에게 "김재규 사건을 늦게 마무리 짓는 바람에 5·18 광주사태가 터졌다"며 사법부에 유감이 많다고 했고, 또 "국사범을 처리하는 데 무슨 놈의 법관들 합의가 필요하냐, 정신 나간 대법원 판사들 그냥 쓸어버리지라고 말한 장성도 있었다" 등의 위협적인 말을 서슴지 않았다. 대법원 판결에서 소수의견을 굽히지 않은 대법관 양병호는 보안사 서빙고 분실로 끌려가서 고문을 받았으며, 강요 끝에 사표를 제출해야 했다.)[11]

"법대는 똑똑한 아이들 바보 만드는 곳"

1956년 서울 법대에 입학한 강신옥은 사법고시에 합격해 1962년 판사가 되었지만, 1년 3개월 만에 스스로 사표를 던지고 변호사가 된 인물이었다. 독재정권의 부당함에 항의해 판사복을 벗어 던질 때 그는 "자유는 마음껏 즐겨보는 대신, 그 결과는 운명으로 감수하고 책임질 각오나 단단히 가져야겠다"고 다짐했고, 그걸 실천에 옮겼다.[12] 그는 자신은 물론 서울 법대의 명예를 살린 의롭고 용감한 법조인이었지만, 모두가 다 강신옥 같을 수는 없었다.

서울 법대는 육법당의 하위 파트너로서의 굴욕을 감수하다가 민주화 과정에서 그리고 그 이후에 민주화를 위해 싸우는 투사들을 배출한다. 반민주·민주, 여·야, 보수·진보를 막론하고 수많은 서울 법대 출신이 정치에 뛰어들었지만 대통령의 길은 멀고도 험했다. 최종고는 "사실 '천하제일 서울 법대'라고 자부하면서도 대통령은 내지 못하였다"며 다음과 같이 말했다.

"역설적으로 서울 법대가 아닌 상업고등 출신 법률가가 대통령이 됨으로써 '법률가 대통령'의 꿈은 희석되고 말았다. 서울법대동창회는 한동안 정신적으로 상당한 좌절을 느끼는 것 같았다.……끝내 대통령을 내지 못한 최고 엘리트 대학 서울 법대 시대를 어떻게 해석해야 할까? 그것은 법대의 무능인가, 한국 국민의 수준인가, 아니면 엘리트 대통령은 원래 거부되는 것인가?"[13]

사실 최종고가 던진 이 질문은 민주화 이후 30여 년간 많은 사람이 궁금해했던 것임을 어찌 부정할 수 있으랴. 사석에선 나름의 근거를 대면서 '서울 법대 출신 대통령 불가론'을 외치는 사람들도 있었고, '불가론'까지는 아닐망정 서울 법대 출신이 대통령 되기 어려운 이유를 우회적으로나마 글로 제시한 논객들도 있었다. 이런 주장은 법조인 출신이 대통령이나 정치지도자가 되는 데 갖는 장단점에 대한 논의로 발전되어 오늘날에도 신문 칼럼 등과 같은 저널리즘의 소재로 자주 애용되고 있다. 그간 이루어진 이런 논의들을 종합적으로 정리해 음미하면서 법조공화국과 정치의 관계에 대해 생각해보기로 하자.

서울 법대 출신의 『조선일보』 고문 김대중이 2010년 1월 25일에 발표한 「법대法大 유감」이라는 칼럼부터 시작해보자. 1939년생인 그는 대학 초년생 시절, 민법을 가르쳤던 교수 김증한이 학생들에게 한 말을 소환했다. "법과대학이란 똑똑한 아이들 데려다가 바보 만들어 내보내는 곳이다." 김대중은 "그때는 그 말이 무슨 뜻인지 몰랐다. 성적 좋은 학생들 뽑아다가 판·검사 만드는 학교라서 그렇게 입학 경쟁이 치열한데 그것을 '바보 만드는 곳'이라니, 교수의 말장난이 너무 심하다는 생각뿐이었다"며 다음과 같이 말했다.

"시간이 지나면서 그 교수가 왜 그런 표현을 썼는지 어렴풋이 느껴지는 것이 있었다. 김 교수는 대학에 들어오자마자 곧바로 고시 공부에 돌입하면서 학교 수업은 뒷전이고 절寺이나 고향집(당시는 고시촌이 없었다)에 처박혀 육법전서六法全書와 씨름하는 학생들이 인문人文교육과 세상 물정에 소홀한 것을 지적한 것이다. 세상의 이치와 삶의 가치, 교양과 상식. 이런 것들을 외면하고 오로지 출세를 향해 매진하는 젊은이, 고등고시를 인생의 유일한 지름길로 여기는 학생들이 결국 인간적으로 불완전한, 공부만 잘하면 만사가 형통이라는 오류에 빠진 외골수 인간으로 자라는 것을 경계했던 것이다."

이어 김대중은 "물론 김 교수의 생각이 모두 옳은 것은 아니었다. 나라의 발전에 기여한 많은 인재人材가 법률 공부를 통해서 나왔고 그것이 나라의 법치주의를 확립하는 데 큰 틀을 제공했던 것을 부인할 수 없다"며 다음과 같이 말했다. "그러면서도 김 교수의 지적은 여전히 옳은 측면이 있다.……법을 제대로 해석하고 양심을 제대로 발동하기 위해 법을 다루는 사람은 보다 많은 지식과 깊은 경험과 넓은 상식을 지녀야 하는데 법대생들은 오로지 사전적辭典的 지식에 매달리는 사태를 김 교수는 걱정한 것이다. 그가 말한 '바보'는 법을 다룰 자격이 없는 인간적 장애를 의미한 것이었다."[14]

법조인들의 '확고한 기준'에 대한 무서움

정명원이 『친애하는 나의 민원인: '외곽주의자' 검사가 바라본 진실 너머의 풍경들』(2021)에서 사법연수원 시절에 겪은 일은 재미있을 뿐만 아니라 의미심장하다. 정명원이 속한 조는 어느 요양원으로 봉사활동을 갔다. 점심 식사 후 봉사할 일이 없어 난감해하던 요양원 관리자는 정원의 잔디밭에서 풀 뽑는 일거리를 제공했다. "자, 여기 정원에 잔디의 생장을 방해하는 이런 풀이 있어요. 이 풀을 뽑아주세요. 그런데 이 풀이랑 비슷한 요 풀이 있어요. 요 풀은 나물이어서 우리에게 필요한 것이니 뽑으면 안 돼요."

도시에서 자란 연수생들에겐 이 풀과 요 풀이 매우 비슷하게 생겨서 그걸 구분하는 게 쉽지 않았던 모양이다. 기준의 모호함 때문이었는지 그늘에 모여 서서 웅성거리고만 있을 뿐 선뜻 풀 뽑는 일에 나서지 못했다. 시골에서 자란 덕분에 이 풀과 요 풀을 구분해 풀을 열심히 뽑던 정명원에게 한 연수생이 다가갔다. 그때까지 대한민국에 존재하는 모든 판례를 머릿속에 넣고 있다는 소문이 돌던 자타 공인 '성실맨'이었다고 한다. 정명원은 자신에게 이 풀과 요 풀을 구분하는 확실한 기준에 대해 묻는 그에게 이런 설명을 내놓았다. "그러니까 여기 잘 보시면 이 풀은 잎에 작은 솜털이 덮여 있잖아요.……그래서 만지면 벨벳 같은 느낌이 나요. 반면 요 풀은 맨질맨질하고요."

그러자 '성실맨'은 "아하!"라고 외치더니 손나팔을 하고서 그늘에 모여 있는 연수생 무리를 향해 소리쳤다. "기준은 털의 유무! 털 있는 것들을 모조리 뽑아!" 정명원은 "아니 꼭 그것만은 아니고……"라면서 뭐라고 설명을 덧붙여보려고 했지만 이미 늦었다고 한다. "털의 유무"라는 단순하면서도 확실한 기준을 습득한 그들은 모두 일어서 망설임 없이 무서운 속도로 털이 있는 것을 제거해 나갔다. 그런 식으로 잔디밭이 모두 정리된 걸 본 정명원은 사법고시라는 관문을 통과하기 위해 오직 공부를 향해서만 진격해온 법조인들에겐 '좁게 집중적으로 보기'라는 성향이 있을 가능성과 그 위험에 대해 느꼈던가 보다. "기본적으로 단호함과 성실함을 탑재한 법조인들이 무언가에 대해 확고한 기준을 갖는다는 것이 어쩌면 우리도 모르는 새 어떤 비극으로 이어질 수 있다는 생각, 그것은 무서운 일일 수도 있겠구나 하는 생각을 하며 어느새 말끔하게 정리된 잔디밭을 돌아보았던 생각이 난다."[15]

'기준'은 '소신'일 수도 있다. 24년간 판사로 일한 정인진이 자신의 방에 "소신 없는 판사가 되자"고 써놓은 것도 바로 그런 기준 또는 소신의 위험을 경계한 게 아니었을까? 그는 『이상한 재판의 나라에서: 우리 사법의 우울한 풍경』(2021)에서 다음과 같이 말했다.

"방에 들어오는 사람마다 그걸 보고는 고개를 갸우뚱했다. 판사는 대쪽 같은 소신을 가져야 할 게 아닌가. 그런데 소신 없는 판사가 되자니 그게 웬 말이냐는 것이었다. 그러나 판사가 한 번 소신이라는 똬리를 틀고 앉아 있으면 그것만큼 고약한 일이 없다. 소신이라는 명분으로 사건을 선입관이나 편견으로 보게 될 우려 때문이다."[16]

검사들이 추앙하도록 훈련받는 서열이라는 것도 따지고 보면 불확실성의 혼돈 속에서 탄생한 일종의 '확고한 기준'이 아니었을까? 그런데 검사들만 서열제를 좋아하나? 그렇진 않다. 유권자들도 좋아한다. '소용돌이 사회'의 비극은 '중앙과 정상을 향한 맹렬한 돌진'만 있을 뿐 밑에서 위로 하나씩 착실하게 쌓아 올라간 사람에 대한 존중, 아니 아예 평가를 해주지 않는다는 점이다. 풀뿌리 민주주의? 그건 존재하지 않는 사기에 가깝다. 지방 유권자들은 권력과 이름에 약하다. 총선에서건 지방선거에서건 어느 날 갑자기 중앙에서 날아온 법조 권력 출신 인사라면 사족을 못 쓰고 뜨거운 지지를 보내는 경향이 있다.

'현실, 특히 낮은 곳을 모르는 무지와 무식'

그렇다면 정치권에서 보는 법조 출신 정치인의 문제와 한계는 무엇일까? 그저 뒷담화로만 떠돌던 이 이야기를 2011년 10월 한나라당 대표 홍준표가 공개적으로 했다. 그의 화끈한 성격과 더불어 자신이 검사 출신이었기에 할 수 있었을 게다. 그는 20대 대학생들을 만난 자리에서 국회의원이 되려는 학생을 위해 조언해달라는 질문을 받자 "한나라당 의원의 23.1퍼센트가 판·검사 출신이어서 내년 총선 공천 과정에서는 판·검사 출신을 대폭 줄이려고 한다"며 "우리는 밑바닥부터 검사를 했기에 덜한데 판·검사 출신은 현장의 치열함, 서민의 아픔을 모르고 자신이 잘났다는 사람이 많다"고 비판했다.[17]

2개월 후 중앙대 법학전문대학원 교수 이상돈이 『시사IN』에 「법조 출신들이 한나라당 망쳤다」는 칼럼을 기고했다. 그는 "요즘 한나라당이 뿌리부터 흔들리고 있는데, 그 과정을 보면 흥미로운 현상이 나타난다. 지난 1년여 동안 뉴스의 초점이 된 한나라당 주요 인물이 대부분 법조 출신이다.……한나라당은 '법조당'이라고 할 만한데, 이 같은 막강한 '법조군단'이 이끈 한나라당이 허무하게 무너지는 것을 보면 법조 출신 정치인에게 무언가 문제가 있다고 보아야 한다"며 다음과 같이 말했다.

"우리나라에서는 어느 정도 성공한 법조인이 정치를 하는 경향이 있다. 따라서 스스로 몸을 던지는 것이라기보다는 이런저런 기회에 손에 물 묻히지 않고 정치권에 들어오는 경우가 대부분이다. 그렇기 때문에 법조 출신 정치인은 사회의 밑바닥 정서를 읽는 능력이 부족하기 마련이다.……시험 위주로 공부하다 보면 어떤 법리와 제도의 역사라든가, 이를 둘러싼 정책적 문제 같은 데는 등한하기 마련이다. 대학 시절 사법시험 공부에 몰두하다 보니 인문학적 소양이 부족하고, 외국 역사와 문화에 어두운 '무식한 변호사'가 될 가능성이 높아진다."[18]

김대중·홍준표·이상돈이 공통적으로 지적한 법조 출신의 문제는 '현실, 특히 낮은 곳을 모르는 무지와 무식'이다. 반면 일반 대중은 그것보다는 그들의 이기적 특권의식과 탐욕을 더 우려했다. 『한겨레』 정치부 기자 석진환이 『관훈저널』 2012년 봄호에 기고한 「여의도행 버스엔 무임승차 법조인이 너무 많다」는 글이 재미있다. 그는 2월 말 트위터에서 '법조인'과 '국회의원'을 나란히 넣어 검색해보았더니, 법조인 출신 국회의원에 대한 국민의 불만과 냉소가 꼬리를 물고 이어졌다며, 몇 가지 글을 소개했다.

"오늘 아침 국회의원 예비후보 명함을 받았다. 화려한 경력의 검사 출신이다. 그가 국회의원이 되면 누구 이익을 대변할까요?" "19대 총선에서 기자, 교수, 법조인 출신 국회의원 숫자를 줄이자, 제발. 아버지하고 밥 먹어도 밥값 계산 안한다는, 자기밖에 모르는 저들이 나라를 다 말아드신다." "분야별로 상한선을 두어야 합니다. 현재 국회의원 중 법조인 출신이 제일 많은데 왜 이렇게 국회가 개판입니까. 분야별로 15% 넘으면 당선 무효제라도 도입해야 할 판입니다."[19]

유권자들이 법조인을 선호하는 이유

아닌게 아니라 제19대 총선(2012년 4월 11일)을 앞두고 그런 걱정을 하는 유권자가 많았다. 『한겨레21』이 「법조인, 당신들의 대한민국 국회」라는 특집 기사를 게재한 건 시의적절했다. 무엇보다도 '과잉대표'의 문제를 제기했다. 2012년 기준 전국의 판사는 2,700여 명, 검사는 1,700여 명, 변호사는 1만 2,600명 정도로 법조인이 전체 국민 가운데 차지하는 비율은 0.034퍼센트였지만, 4월 11일 총선의 여야 지역구 공천자에서 법조인 비중은 새누리당 14.87퍼센트, 민주당 16.74퍼센트로 588배나 '과잉대표'되었다는 것이다. "검증 가능한 정치적 이력을 찾아볼 수 없는 전·현직 판검사, 돈만 열심히 벌어온 변호사들이 '초선' 딱지를 달고 여의도에 당당히 입성"하는 풍토가 괜찮으냐는 것이다.

이런 지적에 대해 발끈한 대한변호사협회는 미국 사례를 들어 반박했다. "역대 대통령 43명 가운데 30명이 법학 전공자다. 상·하원도 변호사들이 장악하고 있지만 이를 탓하는 사람이 없다"는 것이다. 그러나 김남일 기자가 인용한 전문가들은 한국과 미국 사이에 본질적인 차이가 있다고 지적했다. "미국 법조인은 지배 엘리트임은 맞지만 권력을 독점하는 권력 엘리트는 아니다. 버락 오바마 대통령은 지역에서 시민·정치운동을 벌이던 변호사였다. 선거로 뽑히는 미국 검사장들은 다음 선거를 위해 주민들의 눈높이를 생각한다. 우리 사회의 '갑' 위치에서 큰소리만 치던 사람들과 같을 수 없다."(김도종 교수) "미국에서 정치하는 법률가는 바닥에서 표를 모으며 올라간다. 우리처럼 장원급제했다는 이유로 위에서 떨어지는 구조가 아니다."(김두식 교수)

수요 쪽, 즉 유권자들의 문제도 있었다. 김남일 기자가 잘 지적했듯이, "정당이 사들인 법조인을 선거판에 내다팔려 해도 유권자가 사지 않으면 그만이다. 그런데 유권자들에게 이 것이 또 상당 부분 먹힌다는 게 문제다". 한국의 선거에서 법 조 출신이 잘 먹히는 이유는 무엇일까? "개천에서 용 난다" 를 삶의 좌우명으로 갖고 있는 많은 한국인에게 "장원급제에 대한 환상, 장원급제 프리미엄"(김두식 교수)이 잘 먹혀들기 때문일 게다.[20]

한국은 시험 성적으로 '인간 등급제'를 실시하는 나라라 고 해도 과언이 아니다. 이 점에서 유권자와 법조인은 한통 속이다. "시험과 성적으로 사람을 평가하는 곳이 법조다. 경 기고를 졸업해도 서울대에 붙지 못하면 소용이 없고, 같은 서울대라도 법학과를 졸업해야 한다. 이런 잣대의 최정점에 사법연수원 졸업 성적이 있다. 더이상 수험생이 아닌 예비 법조인을 상대로 고도의 논리력과 분석력을 강도 높게 검증 한다. 머리 좋은 것이 전부는 아니지만 이렇게 나오는 연수 원 순위이기에 서로들 인정한다."[21](『경향신문』 기자 이범준)

'서울 법대 공화국'의 파탄?

잘 먹혀드는 것이라고 해서 그게 꼭 옳다는 뜻은 아니다. 한국의 학부모들이, 옳다는 이유로 학벌 브랜드의 노예가 되는 건 아니잖은가? 현실세계에서 그만한 '프리미엄'이 있다고 보기 때문이다. 세명대 저널리즘스쿨 교수 이봉수는 『경향신문』에 기고한 「'서울 법대 공화국'의 파탄」이라는 칼럼에서 출세한 서울 법대 출신 상당수에서 발견되는 공통점 몇 가지를 지적했다. 그가 제시한 4대 공통점은 가혹한 비난이라고 여길 수도 있겠지만, 아마도 다수의 학부모가 '성공과 출세'를 위해선 불가피하다고 생각할 가능성이 높다고 보아야 하지 않을까?

첫째, 초·중·고에서 대부분 일등을 놓친 적이 없을 만큼 머리가 좋고 성취 욕구가 강하다. 이런 이력은 지고는 못 배기는 경쟁지상주의와 자기가 주역이 되지 않으면 친구도 끌어내리는 자기중심주의를 키우는 토양이다. 둘째, 선민의식에 빠져 남의 고통에 무관심하거나 공감 능력이 떨어진다. 셋째, 학교 공부가 다라고 생각한다. 대학 시절 서울 법대에 다니는 친구 하숙집을 방문했다가 고시과목 말고는 책이 전혀 없어 "왜 이렇게 책이 없냐"고 물은 적이 있다. "다른 책은 사시의 방해물일 뿐"이라는 그의 대답에 "죄짓지 말아야지, 너한테 재판받을까 겁난다"고 대꾸했다. 넷째, 학벌 등 기득권을 자식에게 물려주려고 편법도 불사하며 무한 노력을 기

울인다.[22]

말이야 바른 말이지만, 학부모들은 자식이 인문학적 소양이 풍부한 사람이 되길 바라는 게 아니다. 한국 사회 상층부의 곳곳에 포진해 있는 '서울 법대 인맥'에 진입하거나 근접할 수 있는 사람이 되기를 더 열망할 게다. 2019년 9월 검찰이 당시 법무부 장관 조국의 아내인 정경심을 사문서 위조 혐의로 불구속 기소했을 때 법원은 정경심의 재판부 배정을 놓고 상당히 고민을 했다고 한다. 이를 보도한 『조선일보』 기사 제목이 재미있다. 「정경심 재판부 배당하려 보니…이 판사는 조국 동기, 저 판사는 조국 제자」. 2015년 기준 차관급 고위 법관 10명 중 8명이 서울 법대 출신이었을 정도로 법관 사회가 검찰 조직보다 서울 법대 출신이 압도적으로 많았다나.[23]

"법사위는 하루하루 지옥이었다"

법조 출신 정치인들은 논리적이고 이성적이고 합리적인가? 자신의 이익에 도움이 된다면 그런 면을 보이겠지만 위계를 중시하는 그들은 '위'에서 원한다면 얼마든지 달라질 수 있는 의지와 역량을 갖고 있다. 법제사법위원회 소속 민주당

의원 표창원은 2019년 10월 제21대 총선 불출마를 선언하면서 "법사위에서의 하루하루는 지옥 같았다. 자유한국당 공격을 하나하나 대응하는 상황에서 스스로가 '내로남불'로 보이는 것도 힘들었다"고 했다.[24]

이에 대해 『경향신문』 논설실장 양권모는 "이번에 '지옥 같은' 법사위를 연출한 것은 결국 법조인 출신 의원들이다. 법사위의 과반을 차지하는 '법 기술자'들이 정쟁을 기능적으로 뒷받침하며 돌격대 역할을 마다하지 않았기 때문이다.……타협이 생명인 정치와 만사 '법대로 하겠다'는 데 익숙한 법조인의 속성은 본디 부조화적이다. 민의는 법전처럼 해석의 대상이 될 수 없고, 정치는 이미 정해진 규칙에 따라 '옳다, 그르다'를 판단하는 게 아니기 때문이다"며 다음과 같이 말했다.

"시대정신을 간파하고 기존 틀을 깨는 정치적 상상력을 발휘하는 데도 한계가 있다. '지옥 같은 법사위'는 법조인 출신 정치인들의 둘레를 가감 없이 보여줬다.……한마디로 여의도에 법조인 명패만으로 정치에 무임승차한 국회의원이 너무 많다. 그 결과는 정치의 사법 의존을 부추기고, 경직된 법 논리가 득세해 대결 정치를 추동하는 걸로 나타났다.…… '국민을 닮은 국회'로 나아가기 위해서는 법조인으로 기울어진 대의 운동장부터 바로잡아야 한다. '지옥 같은' 적대 정치의 혁신을 위해선 내년 총선에서 '법조 국회'부터 객토해야 한다."[25]

그러나 어느 정당 또는 양쪽 정당들이 '지옥 같은' 적대 정치에서 얻을 것이 더 많고, 최종 성과는 '정치의 사법화'를 통해 결정된다고 믿는다면, '법조 국회'는 더 강화될 수밖에 없다. 그게 실제로 일어난 일이었다. 2020년 2월 12일 『한겨레』는 「20명 중 6명 '법조인', 씁쓸한 민주당 인재 영입」이라는 사설에서 "두 사람은 사실상 법원에서 정치권으로 직행한 경우다"며 "내부 개혁의 한계를 절감하고 밖에서 '사법 개혁'을 추동하겠다는 진정성을 이해하더라도, 판사의 정치권 직행은 '사법의 정치화' 논란을 부를 가능성이 높다"고 비판했다.[26]

『조선일보』 논설위원 정권현은 "당 지도부를 법조인들이 장악해 '법조 주류당'으로 통하는 자유한국당도 이에 질세라 7명을 영입했다"며 이렇게 말했다. "총선 때마다 나오는 '법조인 과잉 논란'이 어김없이 되풀이되고 있다. 벌써 200명 안팎의 법조인 출신이 출사표를 던졌다.……문제는 법조인이라는 품질보증서를 달고 선거에 나서면 유권자들에게 상당 부분 먹혀든다는 것이다. 이들은 '선거에 떨어져도 다시 변호사를 하면 된다'는 안전판까지 준비된 사람들이다."[27]

2021년 6월 28일, 국민의힘 대선후보 출마 예정이었던 전 국민의힘 의원 유승민은 YTN 라디오 '황보선의 출발 새 아침'에서 야권의 주요 대선후보로 거론되는 이들이 "대부분 검사, 판사 출신"이라며 "법조인이라는 분들은 평생 과거에 매달리는 분들인데, 우리는 지금 미래를 만들어가는 대통령이 필요하다"고 주장했다. 야권 유력후보로 거론되는 검사 출신 윤석열 전 검찰총장과 홍준표 의원, 판사 출신 최재형 감사원장 등을 동시에 겨냥한 것이다. 그는 "판검사 분들이 상당히 훌륭한 법조인으로 생활을 했을지 몰라도" 대통령감은 아니라는 취지로 이같이 말했다.[28]

법조인들의 강한 권력지향성을 지적하는 사람도 많다. 전 법무부 장관 추미애의 『추미애의 깃발』(2021)엔 이런 이야기가 나온다. 한양대 법대에 장학생으로 입학한 추미애에게 교양과정 교수가 수업시간에 "그렇게 권력지향적으로 사는 삶이 행복할까?"라고 물었다고 한다. 추미애가 법대생인 걸 알고서 한 결례이자 도발이었다. 추미애는 이렇게 회고한다. "저는 약자 편에서 생각하는 삶을 살고 싶은데 법학 공부를 하고 있다는 이유로 권력을 추구하는 인생처럼 취급받는 게 맞나 하는 억울한 생각과 함께 자존심에 상처를 받은 기억이

납니다."[29]

　그 교수가 저지른 것과 비슷한 실언이 2021년 6월 정치권에 등장했다. 민주당 대표 송영길은 사의를 표명한 감사원장 최재형을 향해 "1981년도에 사법시험에 합격한 분이다. 1980년 광주 시민을 학살하고 등장한 전두환 정권 아래에서 사시에 합격해 판사가 된 분"이라고 비판했다.[30] 명백한 실언인 동시에 누워서 침 뱉기 식의 '부메랑 발언'이었다.

　송영길이야 1994년에 합격했으니 떳떳하다고 할지 모르겠지만, 여권에도 추미애(1982년), 소병철(1983년), 이재명·정성호·조응천(1986년), 전해철(1987년) 등 전두환 정권 시절에 사법고시에 합격한 이가 많기 때문이다. 노무현은 1975년에 합격했는데, 박정희 정권은 괜찮고 전두환 정권은 안 된다는 기준도 이상하다. 문재인은 1980년 10월에 합격했는데, 이 시기는 전두환 정권으로 볼 수 없다는 것인지 그것도 영 이상하다.

"정치를 가슴이 아니라 머리로 한다"

2021년 12월 『동아일보』 논설위원 송평인은 「문과의 위기 그 자체인 이재명과 윤석열」이라는 칼럼에서 "조 바이든 미국 대통령은 델라웨어대에서 역사와 정치학을 공부하고 시러큐스대 로스쿨을 나왔다. 버락 오바마 전 대통령은 컬럼비아대에서 정치학과 영문학을 공부한 뒤 나중에 하버드대 로스쿨을 다녔다. 빌 클린턴 전 대통령은 예일대 로스쿨을 다니기 전에 영국 옥스퍼드대로 유학해 철학 정치학 경제학을 공부했다"며 다음과 같이 말했다.

"이재명 더불어민주당 대선후보는 1982년 중위권 대학 법대에 학비에 더해 생활지원금까지 받는 장학생으로 들어가 그 대학의 사법시험 합격자 수를 늘려주기 위해 죽어라고 사법시험 공부만 한 사람이다. 그러다 보니 악착같은 생존 본능에 법 지식만 갖춘 사람이 됐다. 윤석열 국민의힘 대선후보가 다닌 서울대 법대라고 해서 크게 다르지 않다. 윤 후보는 9수를 했다고 하니 20대 청춘을 온전히 사법시험에 갖다 바쳤다는 얘기다. 9수가 가능했던 경제적 여유에서 오는 한량 특유의 다방면에 대한 관심은 보이지만 깊이는 느껴지지 않는다."

이어 그는 "우리나라에서 문과의 위기는 단지 '문송합니다(문과여서 죄송합니다)'로 표현된 그 분야 교수와 학생만의 위기가 아니다. 젊은 시절 인문사회과학적 훈련을 제대로 받지 못한 사람들이 정계, 관계, 재계로 진출해 지도층이 됨으로써 발생하는 사회 전반의 위기다"고 했다.[31]

정치컨설턴트 박성민은 2022년 8월 『법률신문』에 기고한 「"'서울대 법대 정치인'은 왜 실패하는가"」라는 칼럼에서 사회적으로 성공한 사람들이 정치를 하고 싶다며 자문을 구하면 웬만하면 말린다고 했다. 그럼에도 포기하지 않으면 정치가 적성에 맞는지 생각해보라며 몇 가지 이야기를 덧붙이는데, 그중에 하나가 "왜 서울대(특히 법대) 출신이 정치에서 실패하는지"도 단골 레퍼토리라고 했다. "정치를 (가슴이 아니라) 머리로 합니다. 정치를 혼자 합니다. 도와준 사람에게 감사할 줄 모릅니다."[32]

『경향신문』경제부장 박병률은 「서울 법대 망국론」이라는 칼럼에서 윤석열은 "할당이나 안배를 하지 않고 능력만 보고 뽑았다"는 변명을 내세워 서울 법대 출신을 초대 내각 전면에 배치했다고 지적했다. 권영세 통일부 장관, 원희룡 국토교통부 장관, 이상민 행정안전부 장관, 박진 외교부 장관, 한동훈 법무부 장관. 최상목 대통령실 경제수석도 서울 법대였다. 그는 "윤석열 정부의 서울 법대 편애는 여당의 분열도 불러왔다. 대선에 기여하고도 아직 한자리를 얻지 못한 여당 관계자들은 '서울 법대 출신이어도 그랬겠느냐'는 푸념을 많이 한다"며 다음과 같이 말했다.

"서울 법대 출신들의 공부머리야 시비를 걸기 어렵다. 하지만 일을 시켜보면 안다. 공부머리와 일머리는 다르다는 것을. 시험만으로 민생을 살릴 수 있다면 몇 번이고 서울 법대 출신들을 써야겠지만, 국가 운영은 그렇지 않다. 수많은 국내외 갈등과 난제를 서로 다른 색깔의 사람들과 만나 협의와 합의를 통해 해결해야 한다. 민주주의 사회는 다양성만으로도 큰 힘이 된다. 조 바이든 미국 행정부의 내각이 그렇다. 만약 국내 최고 학벌로 이뤄진 윤석열 정부가 실패한다면 보수에 대한 또 다른 책임론이 제기될지 모를 일이다. 서울대 망국론, 아니 서울 법대 망국론이라는 이름으로 말이다."[33]

윤석열이 서울 법대 이미지에 어울리는가?

"중대 법대 나와 성적 나빠 성남 변호사로 출발한 이재명이 서울 법대 나온 검찰총장을 무식하다고 말하지 못하게 쿨하게 한마디 하라. 그렇게 똑똑한 분이 경원대 석사논문은 왜 표절했고, 행정 경험 풍부해서 대장동을 그따위로 설계했는가."[34]

2022년 1월 5일 가로세로연구소 소장인 변호사 강용석이 국민의힘 대선후보 윤석열을 지지하면서 자신의 페이스북에서 한 말이다. 동의하기 어려운 말씀이다. 무식의 여부와 정도는 출신 학교에 의해 결정되는 건 아니기 때문이다. 물론 많은 사람이 대학 학벌에 대해 갖고 있는 생각이나 고정관념에 따르자면, 강용석의 주장이 그럴듯하게 들렸을 수도 있겠지만, 시간이 흐를수록 윤석열의 '무식'에 놀란 사람이 많았다는 건 부인하기 어려울 게다.

2022년 3월 9일 드디어 서울 법대 출신 대통령이 탄생했지만, 서울 법대를 위해선 탄생하지 않았더라면 훨씬 더 좋았을 것 같다. 윤석열이 저지른 비상계엄 선포와 무관하게, 대선후보 시절부터 윤석열은 지성적인 측면에서 대선 후보라고 보기엔 믿기지 않을 정도로 부족한 면이 많았기 때문이다. 무엇보다도 반지성주의anti-intellectualism 면모가 두드러져 서울 법대의 이미지와는 영 어울리지 않았다.[35]

2개월 후인 5월 10일 윤석열이 대통령 취임사에서 한 다음 말은 많은 사람을 놀라게 만들었다. "국가 간, 국가 내부의 지나친 집단적 갈등에 의해 진실이 왜곡되고, 각자가 보고 듣고 싶은 사실만을 선택하거나 다수의 힘으로 상대의 의견을 억압하는 반지성주의가 민주주의를 위기에 빠뜨리고 민주주의에 대한 믿음을 해치고 있습니다." 아, 자기 자신을 향해 누군가가 해주어야 할 말을 어쩜 그리 천연덕스럽게 말할 수 있을까! 그런 놀라움이었다.

윤석열 탄핵이 확정되면 '서울 법대 망국론'이라는 책임론이 제기될까? 그럴 것 같진 않다. 서울 법대 정치인들이 실패했던 가장 큰 이유가 "정치를 가슴이 아니라 머리로 한다"는 것이었는데, 윤석열은 그 점에선 예외적인, 아니 오히려 정반대 유형의 인물이기 때문이다. 그는 오직 가슴이었다. 그간 정치를 머리가 아닌 가슴으로 한 대통령들이 있긴 했지만, 그 누구도 윤석열만큼 가슴 의존도가 높았던 대통령은 없었다. 가슴에도 여러 종류가 있겠지만 그의 가슴은 유별났다.

나는 앞서 윤석열을 "공적 마인드가 전혀 없는 부인을 자신의 우상으로 섬기면서 그 우상을 기쁘게 해주는 걸 국정 운영보다 훨씬 더 중요하게 생각해온 사람"이라고 했다. 모두가 다 알고 있거나 느끼고 있는 사실이다. 윤석열 정권에서 큰 정치적 논란이 된 사건들을 보라. 주도면밀한 머리나 이성이 작동했거나 개입된 사건은 거의 없었다. 대부분 가슴의 충동이나 폭발로 인해 벌어진 일들이었다. 곧 사고가 터질 수밖에 없다는 게 눈에 훤히 보이는데도 지금 당장 자신의 충동을 해소하거나 자기 우상의 기뻐하는 얼굴만 보면 그만이라는 식이었다. 몽매蒙昧의 극치였다고나 할까?

윤석열의 실패에 한동훈이 져야 할 책임

어떤 이들은 "윤석열에겐 자기객관화 능력이 없다"고 했지만,[36] 아예 '현실 감각'이 없다고 말하는 게 더 정확할 것 같다. 사법시험 9수도 그래서 가능했겠지만, 그러고서도 검찰총장에 대통령까지 되었으니, "나는 하늘이 내린 사람"이라는 나르시시즘에 중독되었다고 해도 놀랄 일은 아니다. 자신의 '김건희 숭배'가 자신은 물론 김건희마저 망쳤으며, 더 나아가 정권, 아니 나라까지 망쳤다는 걸 눈곱만큼도 깨닫지 못했던 것 같다.

윤석열은 자신이 그런 식으로나마 2년 넘게 버틸 수 있었던 이유가 1인 사당私黨 체제의 보스에게 낯뜨거운 충성 경쟁을 벌이면서 무책임의 극치를 치닫는 야당 정치인들 덕분이라는 것도 모를 게다. 야권이 윤석열을 대통령으로 만든 문재인 정권의 실정은 까맣게 잊고 보수 유권자들의 손가락 탓을 하는 걸 보고 있노라면 양쪽 모두 어찌 그리 똑같은지 새삼 놀라지 않을 수 없다. 이 땅에선 성찰 불능 유전자를 갖고 있어야만 정치인이 될 수 있다는 건가?

그러니 그런 윤석열의 실패를 두고 '서울대 법대 정치인'이 실패하는 이유와 연결짓는다는 건 좀 이상한 일이다. 군이 '서울 법대 망국론'을 끌어들인다면, 윤석열의 서울 법대 출신 편애를 지적하면서 실패를 향한 윤석열의 질주에 브레이크를 걸지 못한 그들의 책임을 물을 순 있을 게다. 이 점에선 국민의힘 대표 한동훈이 져야 할 책임이 크다고 할 수 있다. 윤석열 정권 출범 이후 누려온 '2인자 이미지'에 대해 치러야 할 비용이라고 할 수 있겠다.

왜 애정과 신의에 근거한 분노의 힘을 발휘할 생각을 하지 않은 걸까? 아니, 할 수 없었던 걸까? 국정 운영을 망친 윤석열의 어리석은 '우상 숭배'에 대해 "다 죽자는 거냐?"고 면전에서 거칠게 맞짱을 뜰 정도의 열정과 배포가 한동훈에게 없었다는 것, 이게 바로 서울 법대 출신의 한계일지도 모르겠다. 역사적으로, 임기가 반 이상 남은 대통령에게 그런 식으로 대든 사람은 단 한 명도 없었다고 하니, 서울 법대 출신에게만 그걸 요구하는 건 불공정한 일일 수도 있겠다. 잃을 게 많은 데다 권력에 대한 갈증과 사랑이 강한 수재일수록 오히려 그런 일이 더 어려울 수 있잖은가(그러나 시간이 흐를수록 윤석열의 김건희 숭배와 집착이 병적 수준이었다는 게 분명해지면서, 한동훈이 할 수 있는 일은 사실상 없었을 것 같다는 생각이 들기도 한다).

미국 작가 존 스타인벡John Steinbeck, 1902~1968은 "우리는 대통령에게 도저히 한 사람이 해낼 수 없는 일과, 도저히 한 사람이 감당할 수 없는 책임과, 도저히 한 사람이 견뎌낼 수 없는 압박을 주고 있다"고 했다.[37] 어찌 생각하면 대통령제란 인간이 만들어낸 우스꽝스러운 제도임이 틀림없지만, 모두가 진지하고 심각할 뿐 웃는 사람은 거의 없다. 우리는 스타인벡이 지적한 그런 압박을 잘 견뎌낼 것 같은 자질을 가진 사람을 대통령감으로 선호해 뽑아놓고 나선, 그런 자질이 '축복'에서 '저주'로 바뀌는 게 드러나면 그제야 딴말을 하면서 불평하는 일을 반복하고 있는 건 아닐까?

왜
'전관예우'는
사라질 수 없는가?

왜 의뢰인들은 '전관'만 찾는가?

"사법연수원 출신 변호사들은 연줄이 없으니까, 사람들이 안 오잖아요, 의뢰인들은 일단 오면은 이 사람이 어디 출신이냐 이거예요. '판사냐, 검사냐?' 묻고 '아니다' 그러면 나가요."

김두식의 『불멸의 신성가족: 대한민국 사법 패밀리가 사는 법』(2009)에 인용된 어느 변호사 사무실 직원의 말이다. 판검사 출신, 장관 출신, 헌법재판관 출신, 사법연수원 출신 등이 운영하는 여러 변호사 사무실과 로펌에서 10년 가까이 근무한 이 직원은 의뢰인들이 찾아와서 판사 출신인지 검사 출신인지 변호사 출신을 묻고 그 어느 것도 아니라고 하면 바로

나가버리는 것을 여러 번 목격했다고 말했다.[1]

이는 가장 낮은 단계의 '전관前官 찾기'라고 할 수 있겠다. '전관 찾기'엔 의뢰인의 경제적 수준에 따라 여러 등급이 있는데, 판검사 출신임을 확인했다면 그다음 단계는 어디까지 올라갔느냐, 즉 퇴직 전의 최종 직위를 확인하는 것이고, 그다음엔 퇴직한 지 얼마나 되었느냐를 따져보는 것이다. 물론 퇴직한 지 얼마 되지 않아야 신선도가 높다는 이유로 인기가 높다.

변호사 윤상일은 "돌이켜보면 20년이 넘도록 변호사로 일해오면서 의뢰인들로부터 '담당 검사를 잘 아느냐', '담당 판사와는 어떤 사이냐'는 말을 들을 때가 가장 곤혹스러웠다"고 했는데,[2] 의뢰인들이 처음부터 그러진 않았을 것이다. 한 번 경로가 결정되고 나면 그 관성과 경로의 기득권 파워 때문에 경로를 바꾸기 어렵거나 불가능해지는 현상을 가리켜 경로의존經路依存, path dependency이라고 하는데,[3] 처음에 그런 경로를 만든 쪽은 법조계다. 하지만 이후엔 그 경로의 '소비자'들이 오히려 '생산자'에게 영향을 미치는 역전 현상이 발생한다. 이게 바로 경로의존을 없애기 어려운, 경로의존의 최대 딜레마다.

'전관 찾기'는 '전관예우'를 염두에 두고 이루어진다. 전관예우란 문자 그대로 풀자면, 전직 관리에 대한 예우를 뜻하지만, 오늘날 그런 의미로 쓰는 경우는 거의 없다. 뭔가 좀 구리고 음습한 어둠의 단어가 되고 말았다. 다음 세 정의를 소개한다.

(1) "전직 판사 또는 검사가 변호사로 개업하여 맡은 소송에 대해 유리한 판결을 내리는 등 특혜를 주는 일"(두산백과)
(2) "고위공직에 있었던 인물이 퇴임 후 기존 업무와 연관된 기업 등에 재취업한 뒤 전관의 지위를 이용하여 부당한 이익을 얻는 것"(나무위키)
(3) "행정관청, 법원 등의 공공기관이 해당기관에서 근무하다 퇴직한 공직자, 특히 고위직을 지낸 전직 공직자를 전 동료이자 선배로서 예우하고, 그에 따라 전직 공직자가 공공기관의 업무에 계속하여 영향력을 가지게 되는 현상"(위키백과)

그런 일이나 현상을 전관예우라고 부르는 것은 일종의 완곡어법인 셈인데, 10여 년 전 대구 달서구 시민이자 『동아일보』 독자인 한우민이 '독자편지'를 통해 그런 완곡어법에 대해 이의를 제기했다는 게 흥미롭다. 그는 "부산저축은행 사태에서 우리 사회가 고질병인 전관예우에 의해 얼마나 심각한 폐해를 입고 있는지를 다시 한번 몸서리치게 확인하였습니다"라면서 다음과 같이 주장했다.

"하지만 저는 '전관예우'를 그런 식으로 쓰면 안 되며 그 대신 '전관특혜'나 다른 말로 대체해야 한다고 생각합니다. 예우란 것은 예를 들어 독립유공자나 애국지사, 그와 비슷한 훌륭한 일을 하신 분에게 그에 마땅한 대우를 해드리는 것, 즉 그분들 또는 그 후손들에게 예를 다해 대우해 드리는 것을 말합니다. 따라서 전직 관료나 전직 판사에게 불법적인 특혜를 주는 것을 예우라고 해서는 절대로 안 됩니다. 독립유공자에 대한 예우와 전직 관료에 대한 예우가 어찌 다 같이 예우라 할 수 있겠습니까. 이 점 특히 언론의 책임이 크며 언론인들의 반성을 촉구합니다."[4]

언론이 전관예우라는 단어를 쓰는 건 비판의 소지가 있을 망정 언론이 전관예우 비판에 적극적이라는 건 인정해줄 필요가 있을 것 같다. 그런데 흥미롭기도 하고 씁쓸한 것은 아무리 비판을 해대도 전관예우는 사라지거나 약화되지 않고 있다는 점이다. 왜 그럴까? 여기엔 그런 의례적인 비판 정도로는 무너질 수 없는 구조적이고 역사적인 문제가 도사리고 있는 건 아닐까?

속전속결이라는 알고리즘의 결과

생뚱맞게 여겨지겠지만, 잠시 아파트 이야기를 해보자. 2013년 한국 아파트의 가장 큰 문제를 '단지화'로 진단한 두 권의 중요한 책이 출간되었다. 서울시립대학교 교수 박철수의 『아파트: 공적 냉소와 사적 정열이 지배하는 사회』와 명지대학교 교수 박인석의 『아파트 한국 사회: 단지 공화국에 갇힌 도시와 일상』이다.[5] 역대 정부들은 매년 초 "올해는 몇만 채의 아파트를 공급하겠다"는 발표를 해왔는데, 이에 대해 박철수는 다음과 같이 묻는다.

"그런데 정말 정부가 공급한 것인가요? 실제로는 주공이나 아파트 건설업체들이 아파트를 '분양'하는 것이었고, 정부는 마치 자신들이 공공주택을 공급하는 것처럼 표현했습니다. 건설업체에 아파트 안에 공원, 놀이터 등 부대 복리시설을 만들게 정해놓으면 복지공간을 정부 돈을 들이지 않고 공급하는 셈이니 정부로선 손 안 대고 코 푸는 것이나 마찬가지였던 겁니다."[6]

이 모든 시설은 아파트 단지 입주자들의 부담이었다. 당연히 주민들은 높은 담을 두르고 타인의 출입을 막았다. 그래서 한국의 아파트 단지는 철저하게 폐쇄적이 될 수밖에 없었다는 것이다. 정부는 주택 부족, 공공시설 문제를 해결하려고 그랬다지만, 서울을 대한민국으로 간주한 '서울패권주의 발상'이 아니었다면 그런 필요성도 그리 높진 않았을 것이다. "올해는 몇만 채의 아파트를 공급하겠다"는 발표는 늘 수도권 중심으로 이루어져왔음을 상기해보라. 언론은 자주 아파트 단지의 이기주의를 비판하지만, 단지 주민들의 입장도 생각해볼 필요가 있다. 박철수와 박인석의 다음과 같은 견해에 동의하긴 어렵지 않을 것이다.

"자기들 돈 들여 만든 편의시설이나 공간을 남들이 사용하는 것을 꺼리는 게 당연한 일이다. 그러나 일일이 감시할 수 없으니 담장을 두르고 들고 나는 곳을 엄격하게 제한한다. 아파트 단지에 사는 사람들을 야박하다고 탓할 게 못 된다. 제 집 마당에 누구나 들어온다면 좋다고 할 사람이 과연 있겠는가 말이다. 그런데 이런 비용 부담의 구조와 공간적 절연의 문제를 누구도 문제 삼지 않는다."[7](박철수)

"아파트 단지 담장은 프라이버시 보호나 방범을 위한 것이 아니다. 소중한 내 사유재산을 남들이 무단으로 사용하여 내 생활을 교란시키지 않을까 하는 걱정에서 나온 안전장치인 것이다. 자연스러운 일 아닌가. 이것을 이기주의라고 탓해야 하는가. 탓해야 할 것은 오히려 녹지와 공원이 태부족 상태인 도시 환경 아닐까. 온 골목이 불법 주차장이 되도록 방치하고 그 상태에서도 아무 대책 없이 계속 건축을 허가하고 자가용 차량 판매를 지속하는 사회 체제를 탓해야 하는 것 아닌가."[8](박인석)

그렇다. 우리는 지금 역대 정부들이 해온 '손 안 대고 코 푸는 것'의 사회적 비용을 뒤늦게 치르고 있다. 역대 정부들은 눈에 보이는 업적을 군사작전 하듯이 속전속결로 해치워 보여주기 위해 공동체 의식, 시민들 간의 신뢰와 협력, 나눔과 돌봄의 문화 등과 같은 눈에 보이지 않는 사회적 자본, 아니 국가의 가장 근본적인 무형 인프라를 희생시키는 일을 해온 셈이다.

주택난이 매우 심각했던 상황에서 그걸 일방적으로 비난하기는 어렵지만, 가해자가 감춰지는 이런 부정적 결과는 애초에 어떻게 설계하느냐에 따라 달라질 수 있었다는 점에서 이른바 '알고리즘 독재'라는 말을 실감나게 만든다.[9] 자주 눈살을 찌푸리게 만드는 일부 아파트 주민들의 극단적 이기심과 탐욕은 바로 그런 알고리즘의 산물일 뿐, 본성이 나빠서가 아니다.

고급 인력 유치를 위한 후불제 유인책

그렇다면 전관예우를 낳은 알고리즘은 무엇이었을까? 그건 고위공직에 최우수 인력을 유치하기 위한 후불제 유인책이 아니었을까? 금전적 보상으론 그 어떤 민간기업보다 더 나은 최고 수준의 대우를 해줄 순 없지만, 퇴직 후 전관예우를 통해 보상할 테니 참고 견뎌달라는 암묵적 약속이 적어도 입법·사법·행정 엘리트들 사이엔 있지 않았겠느냐는 것이다. 그렇지 않다면, 전관예우가 전 분야에 걸쳐 언론의 반복되는 비판에도 그렇게 당당하게 저질러질 수 있었을까?

이걸 이해하기 위해선 우선 판검사의 '박봉'을 이해할 필요가 있다. 『매일경제』의 최근 기사가 재미있다. 이 기사는 "한때 '법조계 입신양명'의 대표로 꼽혔던 판사직이 '스카이(서울대·연세대·고려대)' 출신 법조인들로부터 외면받고 있다. 약 10년 전만 해도 신임 판사 10명 중 8명이 스카이 학부 출신으로 채워졌지만, 최근에는 절반가량을 '비非스카이(카이스트·포항공대·경찰대 제외)' 출신이 차지한 것으로 파악됐다"며 다음과 같이 말했다.

"물가, 특히 자녀 교육비와 부동산 등이 빠르게 치솟으면서 판사 월급으로는 경제적 안정을 갖기 어렵다는 인식이 퍼지면서 사회적 명예보다 높은 연봉 등 보상체계를 더 중요시하는 데 따른 변화다. 판사가 되려면 수년 이상의 법조 경력을 필요로 하는 법조일원화 제도가 도입된 이후 스카이 출신의 법원 이탈이 더 심화됐다는 분석도 나온다. 법조 경력을 채우기 위해 스카이 출신 대다수는 로스쿨 졸업 직후 대형 법무법인에 취업해 억대 연봉을 받는 경우가 대부분인데, 다시 판사로 진로를 바꾸면 월급이 기존 대비 절반 이상 줄어드는 것으로 전해졌다."[10] (법조일원화法曹一元化란 법조인의 재조在曹 경력[판검사]과 재야在野 경력[변호사]을 일원화한다는 뜻으로, 법조 경력을 쌓은 변호사 자격 소지자[변호사, 검사 등] 중에서 법관을 선발하는 제도다. 이 방식은 미국, 영국, 호주, 캐나다 등의 영미법계에서 기본적으로 채택하고 있는 방식으로, 법관의 계급주의, 엘리트주의와 카르텔화를 어느 정도 완화하고 전관예우 등 법관 즉시 임용으로 인한 부작용을 줄이려는 의도에서 나온 것이다.)[11]

이 기사는 "전직 판사 또는 검사 출신 변호사에게 유리한 판결을 내리는 전관예우가 사라진 것도 판사 인기를 줄이는 데 한몫했다"고 했는데, 이건 좀더 두고 지켜보기로 하자. 전관예우의 소멸을 말하기엔 아직 너무 이르기 때문이다. 전관예우 현상을 진단할 수 있는 더 좋은 지표는 국내 최대 로펌인 김앤장 법률사무소의 인력 스카우트 내용일 텐데, 최고 수준의 전관을 영입하는 김앤장의 관행엔 아무런 변화가 없지 않은가?

'박봉'과 더불어 자주 거론되는 다른 이유는 열악한 근무 조건이다. 절대 다수의 일반적인 판검사가 얼마나 과로로 혹사당하는지 그걸 제대로 아는 게 필요하다. 우선 정인진이 『이상한 재판의 나라에서: 우리 사법의 우울한 풍경』(2021)에서 밝힌 증언을 청취해보자.

"법관들은 과중하다 못해 살인적인 업무에 시달린다. 이 과중한 업무량은 피할 수 없는 고통의 원인이다. 법관의 경력 중에서도 가장 고생스러운 때는 고등법원의 배석판사 노릇을 할 때인데, 대부분의 고등법원 판사들은 고등법원 재직 기간 중 한 번이나 두 번쯤 몸에 심각한 고장이 난다. 그래서 서울고등법원의 별명은 서울고생법원 또는 서울고등학교다."[12]

공적 영역의 모든 전관예우를 동시에 다루자

검사들은 어떤가? 야당은 검사가 무슨 악마나 되는 것처럼 정략적인 비난을 밥 먹듯이 해대지만, 대다수 검사들은 민생의 현장에서 악전고투惡戰苦鬪 하듯이 살아간다. 세 명의 검사가 함께 쓴 『여자 사람 검사: 드라마가 아닌 현실 검사로 살아가기』(2021)는 그런 '악전고투'를 다음과 같이 밝히고 있다.

"방대한 업무량, 끊임없는 야근에 특근, 2년마다 주거지 변동, 결정의 중요성에서 오는 압박, 여론의 질타. 내 인권을 챙길 틈은 조금도 주어지지 않았다. 그리고 검사들이 인권을 포기할 때, 그 가족들의 인권도 함께 포기되어야 했다."(박민희) "전생에 내가 무슨 죄를 지었기에, 이생에 검사가 되어 이렇게 욕을 먹으면서 공노비처럼 전국을 기약 없이 떠돌며 하염없이 일하고 있는 것인지 막막해지면……."(김은수) "검사들에게도 직업병이 있다. 과중한 업무와 야근으로 인한 거북목 증후군, 수근관 증후군, 목 디스크, 허리 디스크는 기본이다."(서아람)[13]

전관예우를 비판하는 언론은 자주 "전관예우 풍토가 가장 심한 곳은 단연 법조계"라고 주장한다.[14] 법조계의 전관예우가 뉴스거리로서 보도 가치가 높기 때문에 그 영향을 받아 많은 사람이 공감하는 주장이지만, 훨씬 더 광범위하게 조직적으로, 합법적으로, 전관예우가 저질러지는 곳은 행정 분야다.

한국에선 시험 성적은 '공정'을 인식하고 판단하는 데에 큰 영향을 미친다. 2024년 3월 의사 온라인 커뮤니티에는 "의사 밑이 판·검사지…수학을 포기한 바보들인데"라는 글이 올라왔다.[15] 이게 무슨 뜻일까? 전공의의 분노와 파업은 자신들이 최저시급을 받으면서 사실상 '착취'당하는 것에 대한 후불제 보상의 기본 구조마저 일거에 바꾸려는 윤석열 정부의 '무데뽀' 방식 때문이었겠지만, 대입 성적에 대한 그런 인식이나 자부심도 잠재적으로나마 작용했을지도 모르겠다.

법조계의 전관예우를 거의 불가능하게끔 이런저런 규제를 엄격하게 가했다고 가정해보자. 어떤 일이 벌어질까? 행정 분야의 전관예우는 그대로 방치하면서 법조계만 건드린다? 공정하지 않다고 생각할 것이다. 과거의 사법고시 합격자들에겐 '고시의 지존은 사법고시'라는 자부심이 있었는데, 행정고시 출신들만 전관예우 혜택을 누리는 걸 결코 용납할 수 없을 것이다. 그래서 행정 분야의 전관예우도 원천봉쇄한다면, 시장의 경제적 보상 원리에 따라 우수 인재들이 과학계를 버리고 의사가 되려는 것처럼, 우수 인재들의 행정·법조로부터의 대탈출이 이루어질 가능성이 높다. 한국은 명예마저 돈으로 환원되는 사회인지라 크게 놀랄 일은 아니다.

그래서 전관예우를 그대로 두자는 건가? 그런 이야기가 아니다. 그럴 리가 있겠는가! 지난 수십 년간 줄기차게 반복되어온 전관예우 관련 대對국민사기극을 중단하고 현실적인 개선책을 모색해 보겠다는 진실성을 가져보자는 것이다. 동시에 법조계의 전관예우만 따로 떼내어 논의하는 방식을 버리고, 공적 영역의 모든 전관예우를 동시에 다룰 때에 공정하고 설득력 있는 해법에 접근할 수 있다는 점에 주목해 보자는 것이다. 이를 위해 지난 20여 년 간의 역사를 살펴보기로 하자.

2000년대 전반의 전관예우

참여연대가 2000년에서 2004년 8월까지 퇴직한 판검사 573명을 대상으로 조사한 결과에 따르면, 퇴직 판사의 90퍼센트, 퇴직 검사의 75퍼센트가 최종 근무지에서 변호사를 개업한 것으로 나타났다. 이는 전관예우를 의식한 결과로 평가되었다.[16]

2004년 10월 서울중앙지법 부장판사 박찬은 법원 내부통신망에 올린 '부장판사제 폐지 등을 건의함'이라는 글에서 전관예우 관행을 강하게 비판해 언론의 주목과 더불어 용기 있는 내부 고발이라는 찬사를 받았다. 그는 "우리나라 형사사건에서 피고인이 거액의 변호사비를 주고 담당 검사·판사와 연고가 있는 학교 선후배, 연수원 동기인 변호사를 선임한 뒤 영향력을 행사해 달라고 강요해 담당 검사나 판사를 난처한 처지에 빠지게 한다"며, "이것이 결과적으로 법조 불신의 큰 원인으로 작용해왔다"고 지적했다.

박찬은 이어 "퇴직 뒤 변호사로 개업한 고위직 법조인들이 후배 검사나 판사들에게 전화해 일반사건에 비해 관대한 형을 이끌어내는 행태가 없어지지 않는 한 법조인이 존경과 신뢰를 받기는 영원히 불가능할 것"이라고 말했다. 그는 '전관예우' 관행을 깨기 위해서는 "검사나 변호사, 교수 중에 판사를 임관하는 법조일원화가 하루빨리 이뤄지고 법관들이 퇴직 후 변호사로 개업하지 못하게 해야 한다"는 대안을 제시했다.[17]

전관예우 관행은 비단 법조계뿐만 아니라 관계官界와 공기업까지 널리 확산되어 있었다. 매년 정기적으로 전관예우 통계가 나오는 행사가 있는데, 그건 바로 국정감사다. 2004년 10월 국정감사를 통해 나온 행정 분야 전관예우의 몇 가지 통계를 살펴보자.

2001년 이후 재정경제부의 4급 이상 퇴직 간부 41명 가운데 63.4퍼센트에 달하는 26명이 산하기관의 감사나 기관장 등으로 자리를 옮긴 것으로 밝혀졌다. 예금보험공사의 팀장급(1~3급) 직원 95명 중 절반인 47명이 정부 출신이었으며,

이 중 29명이 재경부 출신이었다. 또 2002년 이후 2004년 9월까지 퇴직한 감사원 4급 이상 간부 34명 중 41.2퍼센트인 14명이 피감기관의 감사나 임원이 되었다.[18]

금융기관 임원 자리는 금융감독원 퇴직자들의 몫이었다. 2002년 이후 금융감독원을 퇴직한 89명 중 42명이 금융기관의 감사·이사 등이 되었다. 대부분 퇴직 당일이나 다음 날, 또는 같은 달에 재취업했다. 공직자윤리법은 2급 이상인 금감원 직원에 한해 퇴직 전 3년 내 소속한 부서업무와 관련된 사기업일 경우만 2년간 취업을 제한했는데, 팀장급인 3급으로 근무하다가 승진 전에 금융기관으로 자리를 옮겼거나 2급 이상 직원도 행정자치부의 승인을 얻어 금융기관 임원으로 취업한 것으로 나타났다. 이에 대해 『문화일보』는 「금감원이 금융기관 임원양성소인가」라는 사설을 통해 다음과 같이 비판했다.

"정부 부처들이 낙하산 인사의 관행을 버리지 못하는 이유는 간단하다. 퇴직 선배를 민간 기업으로 보내 노후생활을 보장해주고 자기네 부처는 인사 적체를 해소할 수 있다. 전직 공무원을 채용한 민간회사는 이들을 정부 상대의 로비 창구로 활용하게 된다. 누이 좋고 매부 좋은 먹이사슬 관계다. 하지만 소집단 구성원들끼리의 공적 시스템을 활용한 사익

私益 추구 행위는 결국 사회 전체의 이익을 훼손할 뿐 아니라, 심한 경우 해당 기관의 부실화마저 초래한다."

지난 6년간 퇴직한 교육부 출신 관료 중 82명이 사립대에 법인이사(27명), 교수(26명), 직원(14명), 총·학장(7명) 등으로 취업했으며, 이들 중 12명은 퇴직 바로 다음 날 사립대로 출근한 것으로 나타났다.[19] 2002년부터 2004년 9월까지 퇴직한 문화관광부 4급 이상 공무원 47명 가운데 34퍼센트인 16명이 문화부 산하 단체로 자리를 옮겼다.[20]

대법관 출신 변호사 연봉 27억 원

2000년대 후반은 좀 달라졌을까? 달라지긴 했는데, 악화되었다! 2005년 7월 4일 헌법재판관 후보자 조대현의 인사청문회에서 일부 의원은 조대현이 2004년 2월 서울고법 부장판사를 끝으로 변호사 생활 11개월여 만에 10억 원의 소득을 올린 것과 관련, 그가 여당 유력 정치인의 사건과 재벌 총수와 전현직 고위 관료들의 변론을 자주 맡은 점을 지적하면서 전관예우 의혹을 제기했다.[21]

2005년 10월 6일 대법원에 대한 국정감사에서 전관예우 관행이 집중 거론되었다. 2005년 상반기 서울 지역 동서남북 4개 지법의 구속 사건을 개업한 지 3년이 안 된 판검사 출신 변호사들이 '싹쓸이'한 것으로 드러났으며, 서울 북부지법에서는 상위 랭킹 10명 중 7명이 '전관'으로 집계되는 등 '전관예우' 관행이 갈수록 심각해지는 것으로 나타났다.[22]

2006년 9월 4일 노회찬이 전국 지방법원에서 자료를 받아 분석한 결과에 따르면 2004년부터 2006년 6월까지 3년간 전국 18개 지방법원별 구속 사건 수임 순위 10위 내 개인 변호사 436명 중 판검사 출신 전관은 305명으로 70퍼센트에 달했다. 수원지법이 3년간 10위 안에 든 개인 변호사 18명 전원이 전관 출신이었고, 서울서부지법이 24명 중 23명(96퍼센트), 서울북부지법이 22명 중 20명(91퍼센트)으로 뒤를 이었다. 지방법원별 3년간 연속 수임 순위 10위 내에 든 전국의 개인 변호사 28명 중 27명이 전관 변호사였다. 수임 순위 10위 내 전관 변호사 305명 중 287명(94퍼센트)은 퇴임 후 최종 근무지에서 개업한 것으로 나타났다.[23]

2006년 10월 16일 열린 서울고·지법 국정감사에서 국회 법사위 의원들이 공개한 자료에 따르면, 대법관 출신 변호사들의 대법원 사건 수임률은 60퍼센트를 웃돌고, 대형 로펌에 스카우트된 대법관 출신 변호사는 최고 27억여 원의 연봉을 받았던 것으로 확인되었다. 또 부장판사급 이상 전관 변호사는 구속적부심 석방률이 수도권 법원 평균 석방률보다 10퍼센트포인트 이상 높은 것으로 통계분석 결과 확인되었다.[24]

또 이날 국정감사에선 대형 로펌으로 옮긴 전직 판검사들의 연봉이 6~30억 원에 이르는 것으로 밝혀졌다. 이에 『문화일보』는 사설을 통해 "로펌이 현직 때의 수십 년치 월급에 해당하는 막대한 보수를 내주며 이들을 영입한 동기 내지 목적은 '활용도'일 것이다. 일컬어 '전관前官 프리미엄'이다. 4년 전 퇴임한 검찰총장 출신의 연봉이 올해 법복을 벗은 부장검사 출신의 3분 1에도 못 미치고, 대법관 출신의 보수가 영입 4년 만에 반감半減한다는 추세는 '퇴임 후 1~2년'이 피크라는 전관 프리미엄의 한 단면이다"고 말했다.[25]

공정거래위원회 안팎에서 벌어진 코미디

2006년 2월 경영컨설팅 업계의 최대 화제는 회계법인 S사의 대약진이었다. 2005년 컨설팅 분야에 첫 진출한 신출내기인데도 연간 1,000억 원으로 추정되는 공공부문 컨설팅

물량을 거의 독식했기 때문이다. 업계 관계자는 "S사의 싹쓸이는 지난해 고문으로 영입한 경제부총리 출신 A씨 덕분"이라고 단언했다.[26]

2006년 10월 경제검찰로 불리는 공정거래위원회에서 최근 4년간 퇴직한 4급 이상 간부 36명 중 27명이 업무 관련성이 짙은 기업·단체·법률회사에 취업했으며, 2003년 이후 국세청 직원 8명도 과세에 불복한 특정 기업의 세무대리인인 로펌으로 전직한 것으로 밝혀졌다. 그런데도 공정거래위원장 권오승은 '퇴직자들이 승·패소에 영향을 주지 않을 것'이라고 주장했다. 이에 대해 『문화일보』는 다음과 같이 비판했다.

"국감 자료에 의하면 정부기관 고위공직자 10명 중 6명 꼴로 퇴직 후 유관기업으로 가고, 심지어 비리로 면직된 공직자의 30퍼센트가 버젓이 재취업하고 있다. 올 들어 공직자윤리위에 취업 심사를 신청한 90명 중 단 1명만 취업 불가 통보를 받았을 뿐이다. 공직자 윤리와 취업 심사가 이런 실정이니 공직자윤리법의 '퇴직 후 취업 제한' 규정이 민망할 따름이다. 공직 경력을 거래하는 '전관 관행'이 이렇듯 윤리도 법도 모두 비웃고 있다."[27]

참여연대가 2001~2006년 10월 중 퇴직한 4급 이상 공무원의 민간 취업을 조사한 결과, 로펌에 채용된 공무원 출신은 34명이며 이 중 공정위 출신이 12명으로 가장 많았다.[28] 실제 그 내막을 들여다보면 코미디 같은 느낌마저 주었다. 『조선일보』는 "지난 2005년 8월, 공정위는 KT에 1,130억 원 규모의 과징금을 부과했다. 이후 KT는 법무법인 세종을 통해 행정소송을 제기했고, 우연의 일치인지 KT 과징금 사건을 담당했던 공정위 상임위원과 팀장급 간부가 줄줄이 세종으로 전직했다. 거꾸로 세종의 한 변호사는 공정위 소송 담당 팀장으로 왔다"고 했다.

이어 이 기사는 "공정위 직원의 윤리의식을 보여주는 단적인 사례는 현대자동차 사건이다. 현대차 부당 내부 거래 조사를 나간 현장 직원들은 회사 측이 준 10만 원짜리 상품권 71장을 놓고 회의를 벌인 결과, '상품권은 현금이 아니라 금품이어서 받아도 된다'는 논리로 상품권을 수수했다"며 다음과 같이 말했다.

"이걸로 끝난 게 아니라 현장 직원 중 한 명이 양심의 가책을 느껴 상품권을 돌려주자, 그 직원을 질책하고 '왕따'시켰다는 후문이다. 공정위는 재벌의 문어발식 확장을 감시하고, 서로 짜고 가격을 올리는 기업을 엄단하는 활동으로 국가경제에 기여한다고 배웠다. 그러나 공정위 윤리의식이 이 정도라면, 소비자와 기업 모두에게서 신뢰를 잃을 수밖에 없다. 이 정부 들어 온갖 분야에서 '개혁' '개혁' 하면서, 정작 가장 개혁이 필요한 곳을 못 본 체했던 것이다."[29]

전관예우는 "윤리도 법도 모두 비웃는 요술 단어"

2007년 5월 『동아일보』가 103개 지방공사와 공단의 최고 경영자CEO의 경력을 처음으로 분석한 결과 공무원 출신이 64.1퍼센트를 차지했다. 민선 지자체장의 참모나 지방의회 의원 등 지역 정치인 출신이 7.8퍼센트, 한국토지공사나 코트라KOTRA 등 국가 공기업 출신이 5.8퍼센트였고, 전문경영인 등 순수 민간 출신은 19.4퍼센트에 불과했다.[30]

『경향신문』는 "웬만한 기업마다 고위 관료 및 검·판사 출신들이 구석구석에 포진해 있다. 직무를 통해 습득한 경험이나 지식을 기업과 사회를 위해 되돌린다는 취지 자체가 틀렸다는 것은 아니다. 하지만 그런 경우는 거의 찾아보기 어렵다. 대부분 저녁 술자리와 골프장을 오가며 회사의 로비 창구, 또는 바람막이 역할을 하고 있다. 우리 사회에서 관청과 기업을 이어주는 떼려야 뗄 수 없는 연줄이기도 하다"고 개

탄했다.[31]

2007년 12월 부산대 교수 조환규는 "우리 시대 최고의 요술 단어는 '전관예우'가 아닐까 한다"며 이렇게 말했다. "범접하기조차 어려운 이 단어에 숨어 있는 마법은 신묘하기 짝이 없다. 전직 상사와의 술자리에서 안주 한 점 더 얹어주는 정도의 친절이 '전관예우'라면 이해가 된다. 소송의 당사자들이 사활적 이해를 다투는 과정에서 이유 없이 한쪽을 슬며시 편들어주는 행위가 어떻게 예우라는 표현으로 미화될 수 있는지 참으로 개탄스럽다. 그것은 부정한 사욕에 눈멀어 진실의 저울을 비트는 범죄 행위로서 반드시 단죄되어야 할 '부정판결'로 표현돼야 한다."[32]

물론 행정 분야의 전관예우도 부정행위임은 두말할 나위가 없다. 문제는 무뎌진 우리 모두의 감각이다. 정情, 인간관계 또는 처세의 문제로 가볍게 여기고 넘어가려는 마음가짐을 가진 이가 너무 많다. 자신도 막상 변호사를 찾을 때엔 '담당 검사를 잘 아느냐', '담당 판사와는 어떤 사이냐'는 질문을 던지지 않을 수 없을 것이며, 따라서 자신을 부정행위의 가담자나 공범으로 여기고 싶지 않은 자기 보호 욕구 때문인가?

역사의 오랜 때가 묻은 관행에 참여하는 개인의 책임을 묻기는 쉽지 않은 일이지만, 앞서 지적한 '고급 인력 유치를 위한 후불제 유인책'은 역사적 이해를 위한 설명일 뿐 그게 정당화의 논거가 될 수는 없는 일이다. 이는 전반적으로 바닥을 기고 있는 법조계에 대한 국민적 신뢰의 문제와 무관치 않을 것이기에 우리에게 가장 필요한 건 세상을 좋은 쪽으로 바꾸려는 강한 문제의식과 인내와 끈기일 게다.

유사종교적
현상이 된
전관예우

대형 로펌의 '숨은 힘'인가?

2008년 1월 『법률사무소 김앤장: 신자유주의를 성공 사업으로 만든 변호사 집단의 이야기』라는 책이 출간되었다. 변호사 출신 국회의원 임종인과 투기자본감시센터 정책위원장 장화식이 쓴 책이다. 이 책은 그간 '보이지 않던' 국내 최대 로펌을 보이게끔 한 시도였는데, 김앤장은 '성역'이라며 다음과 같이 말한다.

"국회의원들에게도 김앤장은 매우 부담스러운 존재다. 우리 사회의 슈퍼재벌로 등장한 삼성보다 더 조심한다.······대다수의 국회의원은 비판은커녕 거론조차 하지 않는다.······

2006년 국정감사 당시 나는 론스타와 김앤장에 대한 조사를 주장했다. 하지만 이들의 비협조적인 태도와 담당 정부기관의 방조, 동료 국회의원들의 기회주의적이고 무책임한 태도, 그리고 국회 안팎으로부터의 압력 때문에 제대로 증인조차 부를 수 없었다. 명색이 원내 1당이자 집권당이었던 열린우리당 소속 국회의원이었지만 그랬다.⋯⋯언론에게도 김앤장은 두려운 존재다."[1]

김앤장을 비롯한 대형 로펌은 2010년대부터 전관예우 논란에서 강력한 변수로 등장했다. 대법원의 국회 국정감사 자료에 따르면 2006~2009년 7월 김앤장, 태평양, 광장, 세종, 화우 등 5대 로펌은 형사피고인 1,682명의 변호를 맡아 1심에서 240명(14.3퍼센트)의 무죄 선고를 이끌어냈다. 이는 2006~2008년 전국 법원이 1심에서 형사피고인 전체 64만 4,011명 가운데 9,505명(1.5퍼센트)에게 무죄를 선고한 것보다 10배가량 높은 비율이었다.

이에 『동아일보』는 「대형 로펌의 '숨은 힘'?」이라는 기사에서 "대형 로펌에 사건이 몰리고 무죄 선고율도 높아지면서 변호사 업계의 양극화 현상은 더 뚜렷해지고 있다"고 진단했다. 민주당 의원 우윤근은 "수천만 원대의 수임료를 받는 대형 로펌의 무죄 선고율이 형사사건 평균을 훌쩍 뛰어넘는 것으로 나타나면서 서민들은 더 높아진 법률서비스의 장벽을 체감할 것"이라며 "이들 로펌이 퇴직한 고위급 판검사를 경쟁적으로 영입해 전관예우 혜택을 노리면서 사법체계에 대한 불신감도 커지고 있다"고 말했다.[2]

그간 법조계 스스로 전관예우의 해결책을 내놓아야 한다는 비판의 목소리는 자주 터져 나왔지만, 그런데 그게 과연 가능한 일이었을까? 1980년대의 구舊 변호사법엔 '퇴직 전 2년 이내에 근무했던 지역에선 3년 동안 변호사 개업을 할 수 없다'는 조항을 두었지만 1989년 직업 자유에 대한 과도한 침해라는 이유로 헌법재판소에서 위헌違憲 결정이 났다. 2004년, 2007년에도 퇴임한 후 일정 기간이 지나지 않은 변호사의 형사사건 수임을 제한하는 변호사법 개정안이 국회에 제출되었지만 통과되지 못했다.

'전관예우'는 법조계 후진성의 상징

2010년 3월 23일 『조선일보』는 「'전관예우'는 법조계 후진성의 상징이다」는 사설을 통해 "김영삼 대통령 시절 사법제도발전위원회(1993년), 김대중 정부의 사법개혁추진위원회

(1999년), 노무현 정부 사법개혁추진위원회(2006년) 모두가 전관예우 앞에선 손을 들고 말았다"며 다음과 같이 말했다.

"전관예우는 법조계 선·후배 사이의 불공정不公正 카르텔이다. 후배 판·검사가 퇴직한 선배 변호사의 사건을 유리하게 처리해주는 이유는 같은 직장에서 일했다는 인간 정리情理 때문이라기보다 자기도 퇴직해서 전관예우의 덕을 보겠다는 계산에서다. 그래서 이 불공정 카르텔이 잡초처럼 끈질긴 생명력을 유지하고 있는 것이다."[3]

로펌은 그런 인간 정리나 이기심의 문제를 조직화하고 시스템화해 매끄럽게 처리해주는 역할을 수행함으로써 많은 전관이 로펌을 찾게 만들었다. 특히 세금 문제가 미친 영향도 컸다.『경향신문』은 '공직자 전관예우 실태'를 다룬 특집 기사에서 "2000년대 이전까지만 해도 판검사 출신 유명 변호사들은 대부분 단독으로 개업했다"며 다음과 같이 말했다.

"어차피 변호사 이름을 보고 사건이 오는 것이기 때문에 구태여 로펌에 들어가 이익을 나눌 이유가 없었다. 중앙지검 특수부 부장검사나 서울고법 부장판사가 몇 년 만에 수백억 원을 번다는 얘기도 많았다. 하지만 2000년대 중반 들면서 개인 개업은 위험한 일이 됐다. 아무리 철저히 해도 세금을 관리하기가 어려웠다.……이런 상황에서 몸집을 불려온 로펌들은 퇴직을 앞둔 고위 법관들을 활발하게 스카우트했다."[4]

대법원과 법무부 자료에 따르면, 2005년부터 2010년 7월까지 5년 7개월간 법원을 떠난 퇴직 판사 520명 전체를 분석한 결과, 절반이 넘는 273명(52.5퍼센트)이 로펌을 택한 것으로 나타났다. 김앤장·광장·태평양 등 상위 10대 로펌(변호사 수 기준)으로 자리를 옮긴 판사는 168명(32.3퍼센트), 20대 로펌까지 합하면 196명(37.7퍼센트)의 판사가 로펌 변호사의 명함을 새로 찍었다. 개인 법률사무소를 개업한 인원까지 합하면 449명(86.3퍼센트)이 변호사로 새출발을 했다.

고위 법관일수록 상위 로펌을 선호했다. 사법부 최고수장인 대법원장을 포함해 퇴임 대법관 14명 가운데 8명이 상위 10대 로펌에, 1명이 20대 로펌에 입성했다. 20대 로펌행 비율은 고법 부장판사 28명 가운데 21명(75퍼센트), 지법 부장판사 203명 가운데 72명(35.5퍼센트)이었다. 224명의 평판사 가운데 20대 로펌으로 간 사람은 79명(35.3퍼센트)이었다.

판사들이 특정 로펌이 대리한 사건을 심리하거나 선고한 직후 해당 로펌에 영입되는 일이 많은 탓에 판사들이 '퇴직 이후'를 고려해 판결을 한다는 비판이 제기되었다. 그러자 2009년 대법원 공직자윤리위원회는 로펌과 취업 협상을 할 때는 재판의 공정성을 의심받지 않도록 유의하라는 권고

사항을 결정하기도 했다. 권고사항은 "사건을 완결한 뒤 상당한 기간이 경과한 후에 취업하는 것이 바람직하다"고 했지만, 강제력이 없어 근본 대책은 되지 못했다.[5]

김영란, "나도 연秄 100억 받을 수 있다던데…"

그럼에도 법원과 검찰 고위 인사들은 2010년 11월 국회 사법제도개혁특별위원회에 출석해 "전관예우는 없다"고 강변했다. 법원행정처 차장 이상훈은 "형사사건에서 외관상으론 전관예우가 있다고 하는 것까지 부인하지 않겠지만 (실제로는) 전관예우는 없다고 본다"고 주장했다. 법무부 차관 황희철은 "전관예우라는 게 있다는 사실을 인정하기 어렵다"고 했다. 이에 『조선일보』는 「판·검사들, 전관예우가 부끄러운 줄부터 알아야 한다」는 사설에서 "손바닥으로 하늘을 가리고, 귓구멍을 막고선 천둥소리가 들리지 않는다고 하는 이야기나 한가지다"며 "판·검사들이 전관예우 관행을 부끄럽게 생각할 줄 아는 게 전관예우를 없애는 첫걸음이다"고 했다.[6]

『동아일보』논설위원 육정수는 「전관예우 요지경」이라는 칼럼에서 "로펌의 고위직 출신 선호는 전관예우가 존재한다는 증거로 볼 수 있다"며 다음과 같이 말했다. "무슨 대단한 일을 하기에 중견 봉급쟁이의 10년 이상 연봉을 몇달 만에 받는지 일반인들은 궁금하다. 고법 부장판사를 지낸 한 로펌 변호사도 '월 1억 원의 급여 수준에 박탈감을 느낀다'고 말한다. 만약 판사와의 사이에 돈이 오가고 그로 인해 억울한 상대방까지 생긴다면 그것은 중대한 범죄행위에 속한다. 전관예우는 반드시 단절해야 하는 법조계의 후진적 악습이요, 공정사회를 좀먹는 대표적 불공정이다."[7]

2011년 2월 23일 국민권익위원장 김영란은 취임 후 처음 연 기자간담회에서 "전관 변호사에 대한 수요가 많다"며 지난해 대법관 퇴임 때 로펌들이 추산한 자신의 '몸값'을 거론했다. "제가 대법관 퇴임 후 '로펌에 가면 1년에 100억 원까지도 받을 수 있다'고 하더군요. 12개월로 나누면 한 달에 거의 10억 원씩 벌게 되는 셈이죠. 또 어떤 로펌은 '열심히 하면 50억 원 정도는 가능할 것'이라고 했고⋯⋯." 그는 "우리나라의 부패인식지수CPI가 다른 선진국보다 낮은 주된 요인 중 하나가 바로 이 전관예우"라며 "부패를 저지른 사람도 전관 변호사를 쓰면 가벼운 처벌을 받을 수 있다는 인식을 바꿀 대책이 필요하다"고 말했다.[8]

이런 목소리들이 분출하면서 이른바 '전관예우 금지법'으로 불린 개정 변호사법이 2011년 5월 17일부터 시행에 들어갔다. 개정법은 판검사, 군법무관, 공무원으로 재직한 변호사는 공직 퇴임 전 1년 동안 근무했던 법원, 검찰청, 군사법원, 금융위원회, 공정거래위원회, 경찰서 등이 처리하는 사건을 퇴직일부터 1년 동안 수임하지 못하게 했다. 예컨대 서울중앙지법에서 판사로 퇴직한 경우 1년간 서울중앙지법뿐만 아니라 서울중앙지검 사건도 수임할 수 없다. 그러나 서울중앙지법·지검 관할이 아닌 곳, 예를 들어 서울서부지법이나 서울북부지검 사건은 맡아도 무방했다.[9]

그런데 이 개정법은 퇴직 판검사들의 로펌행을 더욱 늘리는 결과를 초래했다. 로펌에 들어가면 개인 이름 없이 회사 차원에서 움직일 수 있어 이 제약을 무마시킬 수 있었기 때문이다. 수임계를 내지 않고 전화로 변론하고 로펌에서 상여금을 받으면 그만이었다. 로펌의 이름 뒤에서 돈을 버는 것은 공직 재진출에도 도움이 되었다. 적어도 겉으로는 맡은 사건이 없으니 문제될 일도 줄어들기 때문이다. 그래서 '공직→로펌→공직'을 오가는 공직자가 늘어나기 시작했다.[10]

변호사 10명 중 9명 "전관예우 여전"

법학자 이국운은 2012년 4월에 출간한 『법률가의 탄생: 사법 불신의 기원을 찾아서』에서 "참으로 통탄할 일은 이 비극의 본질이 인질극이라는 사실에 있다. 형사사건에 관한 한 전관예우의 시작과 종료는 어떤 시민의 구속과 석방, 그의 몸의 감금과 해금의 다른 표현들일 뿐이다"며 다음과 같이 말했다.

"판결을 내린 판사가 석궁을 맞아도 그 판사가 옹호되는 것이 아니라 석궁을 쏜 피의자가 옹호되는 한국 사회의 이 엄혹한 역설은 지금 우리가 명상하고 있는 인질극의 법리에 의해서만 설명될 수 있다.……한국 사회에 만연하고 있는 '사면赦免의 일상화'라는 현상도 이런 맥락에서 설명이 가능하다.……사면은 마지막까지 합법을 사지 못했던 최후의 인질들에게 제공되는 합법의 대바겐세일, 폭탄 세일이다. 아니, 끼워 팔기, 떠넘기기가 난무하는 마감 장의 떨이 판매다."[11]

그런 어지러운 시장판에서 '전관예우 금지법'의 효용을 기대하긴 애초부터 어려운 일이었다. 『서울신문』은 '전관예우 공화국'을 다룬 특집기사에서 "전관예우 금지법은 사실상 무용지물이라는 지적도 제기되고 있다. 전관들은 착수금과 성공보수 모두 세무 당국에 신고하지 않는다. 불법이다. 이런 불법이 가능한 건 전관들이 선임계를 내지 않고도 사건을 해결할 수 있기 때문이다. 제3의 인물을 '얼굴 변호사'로 내세운 뒤 뒤에서 수렴청정을 하는 것이다"며 다음과 같이 말했다.

"전관들은 후배 판·검사를 사석에서 만나거나 전화로 '그 사건 내 사건이야'라고 한마디만 할 뿐이다. 일반 변호사들과 달리 변호를 위해 하는 일이 없다. 변호사들은 '전관들이 받는 돈은 정당한 노동의 대가가 아니라 로비의 대가'라고 못 박았다.……변호사들은 '사건 의뢰인, 변호사, 사무장만 알기 때문에 내부 고발을 하지 않는 한 적발이 안 된다'면서 '전관들이 나중에 어떤 위치에 올라갈지 모르기 때문에 후배 검·판사들이 폭로하지도 않는다'고 말했다."[12]

전관예우뿐만 아니라 전관이 고위공직에 다시 돌아올 경우에 대비하는 '후관예우'는 더 문제라는 비판도 제기되었다. 이 말은 판사의 경우엔 판사가 전에 근무하던 로펌의 사건을 봐줄 위험이 있다는 의미로 쓰였다.『한국일보』는 "로펌으로서는 전관들이 나중에 다시 고위공직자로 롤백할 경우에 대비해 보험성 대우를 해준다. 공직사회는 또 이들이 언제 다시 돌아올지 몰라 의식할 수밖에 없다. 전관들과 현직 공직자들, 로펌 사이에 3각 유착관계가 형성되는 셈이다"

고 했다.[13]

서울지방변호사회가 2013년 6월 소속 변호사 761명을 상대로 '전관예우가 존재한다고 생각하느냐'고 물은 결과, 90.7퍼센트(690명)가 '존재한다'고 대답했다. 전관예우 금지법에 대해선 "전관 변호사가 우회적으로 사건을 수임해 사실상 효과가 없다"(63퍼센트)는 평가가 많았다. "사건 수임이 어려워져 효과가 있다"는 응답은 17퍼센트에 그쳤다. 전관예우 근절 방안으론 "평생법관제·평생검사제 정착"(22퍼센트)을 가장 많이 꼽았다. 이어 재판 모니터링 강화(19퍼센트), 전관 변호사 수임 내역 공개(17퍼센트) 순으로 조사되었다.[14]

2015년 1월 13일 제48대 대한변호사협회 회장에 선출된 변호사 하창우는 당선 후 첫 기자회견에서 "전관예우는 우리나라에만 존재하는 잘못된 법조계 관행"이라고 비판했다. 그는 "전관들이 로펌 등에 들어가 자신의 이름을 드러내지 않은 채 사건을 수임해 결과적으로 수임 제한 규정을 어기는 탈법 행위를 저지르고 있다"며 "변협 내 전관예우 신고센터를 만들겠다"고 밝혔다.[15] 변협과 언론이 전관예우를 없애기 위해 나름 애를 썼지만, 전관예우가 창궐한 풍토 자체를 바꾸기엔 역부족이었다.

갈수록 심화되는 '전관예우 불패' 현상

2017년 1월 『동아일보』가 여론조사 회사인 엠브레인과 함께 20대 이상 남녀 1,000명에게 모바일 설문조사를 벌인 결과, 무려 91퍼센트가 한국은 '유전무죄·무전유죄'가 통하는 사회라고 응답했다. 심지어 71.4퍼센트가 "매우 그렇다"고 답했다.[16] 그럴 만도 했다. 전관예우는 '사회 신뢰 좀먹는 암 덩어리'(변호사 임수빈)임에도,[17] 사람들은 그 암 덩어리의 발호에 최소한의 분노마저 잃은 지 오래였으니 말이다.

당파싸움엔 열을 올려도 당파를 초월해 작동하는 법칙에 대해선 별 말이 없었다. 아니 정부는 오히려 전관예우의 브로커 역할까지 떠맡고 나섰다는 게 2018년 7월 검찰 수사 결과 밝혀졌다. '공정거래'를 책임진다는 공정거래위원회는 매년 10여 명을 대기업에 재취업시켜주면서 고시·비고시 출신을 나눠 '억대 연봉 지침'까지 기업에 정해주었다. '행정고시 출신 퇴직자'는 2억 5,000만 원 안팎, '비행정고시 출신 퇴직자'는 1억 5,000만 원 안팎이라는 억대 연봉 가이드라인까지 책정해준 것이다.[18]

『조선일보』는 「공정거래위 그 이름에서 '공정公正'이라도 빼달라」는 사설에서 "심지어 어떤 퇴직자는 1억 9,000만 원

연봉을 받으면서 '출근할 필요 없다'는 계약 조건을 단 경우도 있었다. 출근하지 않고 억대 연봉을 챙길 수 있는 직장은 세계에서 한국 공정위가 유일할 것이다"며 "다른 조치에 앞서 제발 간판에서 '공정'이라는 말이라도 뺐으면 한다"고 했다.[19]

2018년 10월 대법원 산하 '국민과 함께하는 사법발전위원회'가 발표한 '전관예우 실태조사 및 근절 방안 마련을 위한 연구조사' 결과에 따르면, 법조 관련 종사자(법원·검찰청 직원 포함) 가운데 "전관예우가 있다"고 응답한 비율은 전체의 55.1퍼센트였다. 판사는 응답자 중 23.2퍼센트, 검사는 42.9퍼센트, 변호사는 75.8퍼센트가 인정했다. 이들은 그 근거를 직간접적인 경험에서 찾았다. '(전관예우를) 실제 사건 처리 과정에서 경험했다'고 답한 비율이 51.6퍼센트로 가장 높았고, '주변에서 경험한 사실을 직접 들었다'가 39.2퍼센트로 뒤를 이었다.

전관 변호사가 실제 기소 여부와 재판 결과에도 영향을 미칠 수 있다는 응답률도 절반에 가까웠다. 설문조사 참여자 가운데 검사의 15.9퍼센트가 전관이 개입되면 "기소와 불기소 여부를 바꾼다"고 했으며, 판사의 13.3퍼센트는 "형사 재판의 결론을 바꿀 수 있다"고 답했다. 법조 직역 종사자 5명 중 1명꼴로 "돈이 더 들더라도 전관 변호사를 선임할 것을

권한다"고 답했다.[20]

『동아일보』는 법조윤리협의회에서 한 해 2,000여 명에 달하는 전관 변호사 등의 7년 치 자료(A4 용지 70만 장에 달하는 분량)를 확보해 분석한 결과를 2019년 4월 22일 '전관예우, 반칙이고 범죄입니다' 기획기사를 통해 보도했다.[21] 이 기사에 따르면 2018년 '공직 퇴임 변호사'의 수입 실적은 서울 지역 변호사 평균의 2.9배에 달했는데, 이 수치는 2012년의 1.6배에 달하는 것이었다. 소위 '전관예우 불패' 현상이 갈수록 심화된다는 사실이 구체적인 통계 수치로 확인된 것이다.[22]

공직 대기소가 된 로펌

2021년 8월 신임 법관 임용 예정자 157명 중 50명이 김앤장 등 대형 로펌 소속 변호사이고, 67명은 법원에서 재판 업무를 돕는 일을 하는 재판연구원 경력자인 것으로 밝혀졌다. 『경향신문』은 "사법부의 순혈주의·엘리트주의를 깨기 위해 다양한 법조 경력을 거친 사람들 중에서 법관을 선발한다는 것이 2013년 도입된 법조일원화의 취지인데, 현실에선 사법부의 순혈주의·엘리트주의가 형태만 달리할 뿐 반복되고 있다는 지적이 나온다"며 "여기에 더해 이른바 '후관예우'에 대한 우려까지 제기된다"고 했다.

'후관예우'라 함은 판사가 자신이 근무한 로펌에 유리한 판결을 내리거나 우호적인 입장을 취할 수 있다는 것이다(김앤장 20명, 세종 8명, 태평양·율촌·화우 각 5명, 바른 4명, 광장 3명 등). 이는 현 소속만으로 분류한 것으로, 과거 로펌에서 일한 다른 직역의 법조인을 더하면 로펌 출신 비율은 이보다 높을 것으로 추정되었다. 이에 건국대 법학전문대학원 교수 한상희는 "로펌이 보살피던 사람을 임용하는 것"이라며 "로펌에서 좋은 사건을 맡았다가 법관이 되면 결국 재판 자체의 독립성이나 공정성에 의구심을 들게 할 것"이라고 지적했다.[23]

2021년 9월 세계 200대 로펌(매출액 기준)에 한국에서는 김앤장, 태평양, 광장 등 3곳이 선정된 것으로 확인되었다. 김앤장은 9억 8,851만 달러(약 1조 1,650억 원)를 기록해 세계에서 53위를 기록했는데, 변호사 수가 1,110명인 김앤장의 변호사 1인당 매출액은 89만 1,000달러(약 10억 5,000만 원)였다. 김앤장 다음으로는 태평양이 매출액 2억 9,689만 달러(약 3,498억 원)를 기록해 160위에 이름을 올렸다. 태평양은 전체 변호사 534명으로 변호사 1인당 매출액은 55만

1,000달러(약 6억 5,000만 원)였다. 법무법인 광장도 매출액 2억 7,105만 달러(약 3,194억 원)를 기록해 173위에 이름을 올렸다. 변호사가 606명인 광장의 변호사 1인당 매출액은 44만 7,000달러(약 5억 3,000만 원)를 기록했다.[24]

『조선일보』논설위원 금원섭은「공직 대기소 '로펌'」이라는 칼럼에서 "대형 로펌이 교도소와 구치소에 오래 근무한 교도관을 수억 원대 연봉을 주고 스카우트한 적이 있다. 그는 몸값 이상 역할을 했다고 한다. 로펌이 아무리 변론을 잘해도 결국 감옥에 갈 수밖에 없는 클라이언트(고객)도 있다. 이때 교도관 출신이 나서 독방 배정, 운동과 샤워, 가족 면회 등 편의를 봐줄 수 있다는 것이다. 로펌 관계자는 '옥바라지까지 잘하는 로펌으로 소문 나면 사건을 많이 수임할 수 있다'고 했다"며 다음과 같이 말했다.

"대형 로펌은 '종합 서비스센터'로도 불린다. 민형사 사건은 전체 업무 중 일부에 불과하다. 주요 고객인 기업이나 단체의 이해관계를 입법이나 행정에 반영하는 대관對官 업무 수요가 크다고 한다. 그래서 청와대나 국회 출신들이 로펌 영입 대상 1순위로 꼽힌다. 공정위, 국세청, 금융위, 금감원, 복지부, 환경부 등 규제·감독 기관 출신도 로펌들이 서로 모셔 가려 한다. 군 장성이나 국정원 간부 출신들도 로펌이 데

려간다. 대형 로펌의 구성원만 보면 '작은 국가'라는 생각이 들 정도다."

이어 금원섭은 "고위공직자가 퇴직한 뒤 로펌 고문으로 가는 것은 취업 제한을 피하는 방법이다. 공직자윤리법은 퇴직 후 3년간 자본금 10억 원 이상 등인 민간 업체 취업을 원칙적으로 금지하고 있다. 로펌은 규모가 크더라도 연매출이 100억 원 미만이면 취업이 허용된다"며 다음과 같이 말했다.

"정부 고위직이 로펌에 취업하면 공직 때와는 비교가 안 되는 고액 연봉을 받을 수 있다. 검찰 출신은 한 달 월급이 1억 원인 경우도 있다고 한다. 첫 달 월급을 확인한 아내가 '로펌은 첫 달에 1년 연봉을 주느냐'고 물었다는 이야기도 있다. 장관급은 연봉 6억 원 수준이라고 한다. 고액 연봉은 공직에 돌아가려 할 때 발목을 잡기도 한다. 국민 정서법에 걸리는 것이다. 그래서 로펌에 있는 공직자 출신의 가족은 '다시 공직 제안을 받더라도 절대 나서지 말라'며 말리는 경우가 많다고 한다."[25]

판검사 출신 전관 변호사를 찾는 의원들

2022년 4월 7일 『한겨레』가 김앤장 누리집에서 확인한 '공직자 출신 비법조인 고문'은 모두 87명에 달하는 것으로 나타났다. 노준형 전 정보통신부 장관, 이규용 전 환경부 장관, 이기권 전 고용노동부 장관 등 장관급과 다수의 차관급 공무원 출신, 감사원·공정거래위원회·금융감독원 등 기업 관련 규제·감독 기관 출신 등이 포진해 있어 당장 이들만으로도 주요 내각과 기관장 인사를 할 수 있는 규모였다. 한 법조인은 "이들이 받는 고액 연봉을 보면 일종의 로비스트 역할을 하는 것 아니냐는 합리적 의심이 든다"고 했다.

『한겨레』는 "비법조인 고문들은 일종의 '고위공직 예비군'이다. 정부 부처나 감독기관에서 근무했던 전직 고위공직자가 김앤장 같은 대형 로펌을 거쳐 다시 공직에 복귀한 사례는 한덕수 국무총리 후보자만이 아니다. 이명박 정부 초대 국무총리였던 한승수 전 총리는 외교통상부 장관을 마친 뒤 2004년부터 총리 임명 직전인 2008년까지 김앤장에서 일했고, 총리 퇴임 뒤엔 다시 김앤장 고문으로 돌아갔다"며 다음과 같이 말했다.

"공직자윤리법은 4급 이상 공무원에 대해 재취업을 목적으로 한 유착, 이해충돌 및 전관예우 방지 차원에서 퇴직 후 3년간 일정 규모 이상 로펌 등으로 '직행'하는 경우를 제한한다. 이마저도 취업 심사 통과율이 80~90%에 달해 실효성이 떨어진다는 지적을 받고 있다. 그런데 로펌 고문 직함을 달고 기업 등의 이익을 대변하던 퇴직 공직자가 다시 공직으로 복귀할 때는 민간인이라는 이유로 취업 제한 장벽이 아예 없다.⋯⋯전문가들은 회전문 인사가 반복될수록 공직사회가 대형 로펌 영향력 아래 포섭될 수 있다고 우려한다. 로펌이 거액의 고문료를 지급하면서 고위공직자를 영입하는 이유는 단순히 이들의 업무 능력만을 봤다기보단 공직에 있으면서 쌓은 인맥 등을 활용하기 위함이라는 시각이 지배적이다."[26]

2022년 10월 국회 법제사법위원회 소속 민주당 의원 이탄희가 집계한 최근 5년간(2018~2022년) 신규 임용 법관의 법조 경력 등 현황 자료를 보면, 올해 신임 법관 예정자 135명 중 19명(14.1퍼센트)이 김앤장 변호사였다. 7명 중 1명꼴로 김앤장 출신 변호사가 발탁된 것이다. 2021년에는 8명 중 1명꼴이 김앤장 출신이었는데 그 비중이 더 커진 것이다. 이탄희는 "전국 신임 판사의 7분의 1을 한 로펌에서 독식하는 나라는 없다. 8분의 1을 차지한 지난해보다 더 심해졌다"며 "법원이 김앤장 전초기지가 될 것이 우려된다"고 말했다.[27]

그간 전관예우를 거의 망국병처럼 비판하면서 수많은 대응 방안이 거론되었고, 일부는 실제로 시도되었지만, '백약무효百藥無效'라는 게 입증된 셈이다. 물론 '전관예우 불패'는 2024년에도 건재했다. 2024년 10월, 4·10 총선에서 공직선거법 위반 혐의로 기소된 여야 의원 14명 중 11명이 판검사 출신 전관 변호사를 기용한 것으로 확인되었다.[28] 이는 무엇을 말하는가? 국회의원들마저 평소엔 전관예우를 맹비난하다가도 막상 자신의 발등 위에 불이 떨어지면 전관 변호사를 구명줄처럼 여긴다는 걸 말해준 게 아닐까?

전관예우 맹비난했던 이재명의 언행 불일치

17년 전 변호사 정정훈은 『한겨레』에 「유사종교로서의 전관예우」라는 칼럼을 기고했는데, 새삼 이 진단이 옳은 게 아닌가 하는 생각을 해보게 된다. 그는 "매번 되풀이되는 문제 제기에 대해 법원과 검찰에서는 억울하다는 반응을 보인다"며 다음과 같이 말했다.

"문제의 핵심은 전관이 판결에 영향을 끼칠 수 있다는 '부당한 믿음'이 여전히 확고하고, 일부 전관들이 그런 '부당한 믿음'에 기대어 퇴직 후 1~2년 소송을 '싹쓸이'하는 프리미엄을 적극적으로 행사하고 있다는 것이다. 그 전관 변호사들은 바로 얼마 전에는 억울함을 호소하던 현직 판사·검사였으며, 앞으로도 많은 판검사가 '전관'이 되어 '부당한 믿음'에 응답하는 구조가 계속될 수 있을 것이라는 점이다.……소송 당사자의 불안을 먹고 기승하는 부당한 믿음, 이 믿음에 기대어 공생하고 기생하는 전관예우의 관행은 이미 한국 사회에서 유사종교적 현상의 하나가 되었다."[29]

이 유사종교 현상의 근절을 위해 그간 가장 속 시원한 사이다 발언을 한 사람은 누구일까? 단연 민주당 대표인 이재명이다. 성남시장으로서 민주당 대선경선 후보가 된 이재명은 2017년 2월 12일 자신의 SNS를 통해 "전관예우로 인해 가장 공정해야 할 법조계가 가장 부패한 곳으로 변질됐다"며 법조계의 전관예우를 '형사사건 변호사 보수 상한제'로 뿌리 뽑겠다고 공언했다. 그는 "대형 로펌은 재벌 총수를 위해 담당 판검사와 인연이 있는 전관 변호사들을 총동원하고, 심지어 증거 조작까지 한다. 그리고 그 대가로 천문학적인 액수의 변호사 보수를 받는다"면서 "불법의 대가"라고 비판했다. 이어 그는 "대가가 워낙 크니까 서슴지 않고 불법을 저지르는 것"이라고 지적하고, "따라서 전관예우, 무전유죄, 유전무죄를 척결하기 위해선 형사사건 변호사 보수에 제한을 둬 이들로부터 경제적 이익을 제거해 버려야 한다"고 주장했다.[30]

아, 이 얼마나 속 시원하며 감동적인 발언인가! 과격하게까지 들리는 발언을 저렇게 서슴지 않고 말하다니, 역시 이재명이다. 그러나 그런 감동은 오래가지 않았다. 그는 다음 해인 2018년부터 전관예우라는 유사종교의 신도로 변신했으니 말이다. '공정과 상식'을 팔아 대통령이 된 윤석열은 '김건희 리스크'를 해소하라는 검사 선배들의 조언에 "제가 집사람한테 그런 말 할 수 있는 처지가 아니다"며 손사래를 쳤다던데, 두 사람 모두 '처지'에 따라 달라지는 카멜레온인가?

그렇다. 문제의 핵심은 바로 '처지'다. 달리 말하자면, 내로남불이다. 남을 향해 '공정과 상식'을 외쳐댈 때엔 추상과 같지만 자신에게 '공정과 상식'을 적용해야 할 때엔 자신이 언제 그런 말을 했느냐는 듯 오리발을 내민다. 그게 정치인이나 고위공직자가 되기 위한 필수 자질이나 조건이 되는 것처럼 말이다.

전관예우의 극치를 보인 '초호화 변호인단'

자신의 부인 김혜경이 '혜경궁 김씨' 사건으로 수사를 받게
되자 이재명은 2018년 변호인단에 수원지검 공안부장 출신
변호사인 이태형을 영입했다. 김혜경을 수사하는 곳이 수원
지검인데 수원지검 출신 변호사를 선임한 것이다. 꼭 그래서
그런 건지는 알 수 없지만 이재명은 검찰의 불기소 처분이라
는 승리를 이끌어냈다. 경찰은 '혜경궁 김씨' 트위터 계정주
는 김혜경이라고 결론을 내렸음에도 말이다.

　2019년 9월 6일 이제 경기도지사가 된 이재명은 큰 정치
적 위기에 몰렸다. 4개월 전 친형 강제입원 · 선거법 위반 등
에 대해 모두 무죄 판결을 내린 1심과는 다른 항소심 판결이
나왔기 때문이다. 강제입원에 대해 사실과 다른 사실을 당선
목적으로 토론회에서 발언했기에 공직선거법상 허위사실공
포죄가 유죄로 인정되어 벌금 300만 원을 받고 당선무효 위
기에 몰린 것이다.[31] 다급해지니까 전관예우 척결 약속을 잊
은 걸까?

　상고심 재판을 위한 변호인단 구성은 어떠했던가? 그야말
로 전관예우의 극치를 보인 '초호화 변호인단'이었다. 전 대
법관 이상훈을 비롯해 전 대법관 이홍훈, 전 헌법재판관 송

두환, 민주사회를위한변호사모임 전 회장 최병모와 백승헌, 전 서울지방변호사회 회장 나승철 등 전직 주요 변호사 단체 장들도 상고심 변호인으로 참여했다.[32]

2019년 10월 18일 국회 행정안전위원회 경기도 국감에서 자유한국당 의원 안상수는 "이상훈 변호사가 현재 이 지사님 배정 사건의 대법관과 함께 근무했던 분. 전관예우 기대를 하시는 것은 아니냐?"고 물었다. 이재명은 "절대 아니다. 법리적으로 뛰어나신 분"이라고 답변했다. 안상수는 "자기가 편할 때 상대방을 공격하고 자기한테 엄격하지 않은 것은 국민이 정치인을 혐오하게 만드는 요인이 된다"고 꼬집었다.[33]

사실 당시 이재명의 마음속은 까맣게 타들어 가고 있었다. 그는 대법원 판결을 5개월 앞둔 2020년 2월 인터넷에 이런 글을 올렸으니 말이다. "누릴 권세도 아닌 책임의 무게로부터 벗어나는 것이 아쉬울 뿐 지사직을 잃고 피선거권이 박탈되는 정치적 사형은 두렵지 않다. 그러나 이제 인생의 황혼녘에서 경제적 사형은 두렵다. 전 재산을 다 내고도 한 생을 더 살며 벌어도 못 다 갚을 엄청난 선거자금 반환 채무와 그로 인해 필연적인 신용불량자의 삶이 날 기다린다."[34]

2020년 7월 16일 대법원 전원합의체는 이재명을 공직선거법상 허위사실공표죄로 처벌할 수 없다는 다수의견으로 원심을 파기하고 무죄 취지로 파기환송함으로써 이재명의 불안과 공포를 해소해주었다. 수원고등법원은 같은 해 10월 16일 열린 파기환송심에서 무죄를 선고했다. 이재명은 '법리적으로 뛰어난' 변호사들 덕분에 무죄라는 선물을 받게 되었는지는 몰라도, 그의 언행 불일치는 전관예우가 유사종교라는 걸 웅변해주는 데엔 모자람이 없었다.

이재명의 대장동 변호사들의 공천·당선

제20대 대선(2022년 3월 9일)에서 실패한 후 이재명은 인천 계양구을의 보궐선거에 출마해 2022년 6월 1일 금배지를 획득했고, 이어 2022년 8월 28일 민주당 대표에 당선되었다. 낙선한 대선후보가 곧장 보궐선거와 당대표 선거에 출마하는 전례가 없었기에 그의 이런 파격적인 행보는 자신의 '사법 리스크 방탄'을 위한 것으로 여겨졌으며, 이는 곧 사실로 드러났다.

이재명은 검찰이 기소해도 대표직을 유지할 수 있게 방탄 당헌으로 고치고, 제22대 총선(2024년 4월 10일)에서 공천권을 무기로 '비명횡사, 친명횡재'를 밀어붙여 민주당을 이재명 자신의 사당私黨으로 만드는 데에 성공했다. "아니 이게 말이 돼? 아이고 아이들 볼까 두렵네. 이게 무슨 민주주의야?" 민주당에서 '비명횡사, 친명횡재' 공천이 저질러지고 있을 때 그런 분노를 한 사람이 많았다.

분노보다는 어이없는 실소를 터뜨리게 만든 사건도 있었다. 3월 7일 민주당은 서울 서대문갑에 청년 정치인을 공천하겠다며 공개 오디션을 진행한 뒤, 결선 통과자 3명(권지웅·김규현·성치훈)을 공개했다. 그런데 단 하루 만에 성치훈이 오디션 탈락자인 김동아로 교체되었다. 당 대변인조차 후보가 바뀐 사실을 모르고 이전 명단을 발표하는 실수를 저질렀을 정도로 '전격적인 군사작전'을 방불케 했다.

민주당은 성치훈이 전 충남지사 안희정 성폭력 피해자 2차 가해 논란이 있어 바꾼 거라고 설명했지만, 이해하기 어려운 변명이었다. 그 논란은 오디션에서도 언급된 사안인 데다, 전 서울시장 고故 박원순의 성폭력 사건 피해자를 '피해 호소인'이라고 칭해 2차 가해 논란을 불렀던 남인순과 고민정은 아무런 논란 없이 공천을 받았으니 말이다.[35]

이런 특혜를 누린 김동아는 누구인가? 그는 이재명의 최측근인 전 민주당 정무조정실장 정진상의 대장동 사건 변호인이다. 김동아는 결국 공천을 받았다. 이런 식으로 민주당에 유리한 지역에 공천을 받아 당선된, 이재명과 측근의 대장동 사건을 맡은 변호사는 5명이나 되었다. 여당은 "이재명의 대장동 변호사 공천은 변호사비 대납하는 것"이라고 비난했지만,[36] 그게 무슨 소용이랴. 총선 결과는 민주당의 대승이었으니 말이다.

이후 윤석열은 최악의 정치적 상황에 내몰렸지만, 그건 자업자득이었다. 그는 상상을 초월하는 둔감함과 무책임으로 총선 직전에 유권자들의 분노를 유발할 일들을 집중적으로 저지름으로써 민주당의 대승을 도운 특급 도우미였으니까 말이다. 윤석열의 비극은 스스로 알아서 감당할 일이었지만, 문제는 이재명이 총선 대승에 기대어 '사법부 통제'를 꿈꾸는 게 아니냐는 의문이었다. 그는 자신에 대한 재판 진행은 사법부가 하는 것임에도 검찰을 비난하는 우회적인 방식으로 재판에 대한 자신의 불만을 쏟아냈다. 2023년 9월 영장 전담 판사에게 법적 방어만 할 수 있게 해달라고 간절하게 호소한 덕분에 구속을 면했다는 걸 잊은 건가?

김동아가 당선자의 신분으로 4월 12일 유튜브 채널 '김어준의 겸손은 힘들다 뉴스공장'에 출연해서 내놓은 주장은 향후 이재명의 전략을 짐작하게 한다는 점에서 의미심장했다. 그는 "4·10 총선 전날 이 대표를 굳이 재판에 불러 세워

놓은 것이 이번 총선에서 가장 충격적인 장면"이라며 "사법부 개혁을 넘어 민주적인 통제가 필요하지 않을까 생각한다"고 밝혔다. 그는 재판부가 '(이 대표가) 불출석할 경우 구인장 발부'를 언급한 데 대해서도 "국민에 대한 도전"이라며 "전 세계적으로 이런 경우는 없다. 브라질에서 룰라를 구속하는 것과 비슷하지 않겠는가"라고 주장했다.[37]

오만할 뿐만 아니라 내용에도 결함이 있는 위험한 주장이었다. '민주적인 통제'라니 이게 웬 말인가? 사법부의 독립적 판단은 반민주적이란 건가? 기존 '3권 분립'의 원칙을 바꾸겠다는 건가? 팬덤이나 지지자들의 힘으로? 아니면 재판을 여론조사로 결정하자는 건가? 윤석열이 격렬한 증오·혐오의 대상이 되는 게 아무리 온당하다고 하더라도, 그것이 사법부에 대한 위험한 통제의 면죄부가 될 수는 없는 일이었다. '침대재판'과 '판사 겁박' 역시 곤란하다는 건 두말할 나위가 없었다.

'침대재판' 후엔 '판사 겁박'인가?

침대축구는 축구에서 상대적으로 약한 팀이 골을 먼저 넣었을 때 시간을 질질 끄는 전술이다. 연기 역할을 맡은 선수는 상대 팀의 플레이가 격렬한 선수에게 다가가서 몸이 살짝만 스쳐도 얼굴을 부여잡으면서 나뒹군다. 운동장 밖에 있는 코치들에게 의료진의 투입을 요구하고, 5분 후에 오케이 사인을 그리며 슬그머니 일어난다. 조금 시간이 지난 후에 비슷한 방식으로 다시 쓰러진 후 감독에게 교체 사인을 낸다. 교체가 이루어지면 일부러 다리를 질질 끌며 걸어 나가고 교체 투입 선수는 그 선수를 격려하는 식으로 시간을 끈다. 이 같은 행동을 90분 동안 10번 이상 되풀이한다.

스포츠평론가 기영노가 지난 2021년 12월에 쓴 「윤석열의 '침대축구'」라는 제목의 '스포츠콩트'에서 설명한 게 재미있어 압축해 소개한 것이다. 이 전술을 한마디로 요약하자면 '정면 대결을 피하면서 버티기'인데, 이런 상황이 정치판에서도 자주 일어나는 탓에 정치용어로 원용되어 쓰이기도 한다. 그 이전에도 쓰였는지는 모르겠지만, 기영노의 콩트 제목이 시사하듯이 윤석열의 대선후보 시절 그의 정치적 행태와 관련해 가끔 쓰이기 시작했다.[38]

그렇다면 이재명은 침대축구 혐의에서 자유로운가? 그렇진 않다. 빈도수가 비교적 적을 뿐, 이재명도 침대축구 비판을 받았다. 또한 이재명에겐 그의 재판 지연 전술을 가리켜

'침대재판'이란 말도 쓰이고 있는 게 흥미롭다. 침대재판의 이미지는 재판이 진행되지 않게끔 아예 드러누워버리는 것이지만, 실제로는 온갖 다양하고 창의적인 수법이 동원된다.

2024년 6월 큰 화제가 된 전 경기도 평화부지사 이화영의 '쌍방울 불법 대북 송금' 재판엔 침대재판의 신기神技라고 해도 좋을 정도로 화려한 수법들이 동원되었다. 이건 최종심까지 전 과정을 잘 기록해 두었다가 로스쿨의 교재로 쓸 만하다. 내가 법학자가 아니어서 그 교재를 쓸 수 없는 게 안타까울 따름이다. 여기에선 1심 선고까지 20개월이 걸렸을 정도로 기기묘묘한 수법들이 망라되었다는 것만 밝혀두자.

이화영은 징역 9년 6개월을 선고받았으니 침대재판의 주도자들에겐 매우 실망스러운 결과였다. 일이 그렇게 되었으면 앞으론 침대재판을 시도하지 말아야겠다고 생각을 바꿔먹을 만하건만 민주당 의원들은 앞다투어 판사를 비난하면서 '법 왜곡 판검사 처벌법', '판사 선출제'까지 꺼내들었고, 강성 지지자들은 '판사 탄핵'을 외치고 나섰다.[39] 새삼 놀랄일은 아니다. 판사 겁박은 민주당의 오래된 습관이기 때문이다.

2020년 12월 조국의 부인 정경심이 1심에서 징역 4년을 선고받고 법정구속되고, 다음 날 법무부의 검찰총장 윤석열

정직 2개월 중징계에 대해 법원이 '집행 정지 결정'을 내리자, 민주당은 흥분하는 모습을 보이면서 판사를 모욕하는 발언들을 쏟아냈다. 어느 의원은 판사 실명까지 거론하며 '좌표'를 찍었다. 이런 일련의 작태는 민주당에 불리한 판결이 나올 때마다 반복되었다. 그러다가도 민주당에 유리한 판결이 나오면 판사와 사법부를 극찬하는 행태도 반복되었으니, 그 정신상태를 이해하기 어려웠다.

민주당이 아무리 내로남불의 화신이라지만, '3권 분립 민주주의'를 하지 않겠다면 모를까 하겠다고 마음먹었으면 재판에 대해서만큼은 내로남불을 버려야 할 게 아닌가? 민주당에 유리한 판결엔 기뻐하고 불리한 판결엔 슬퍼하는 건 얼마든지 이해할 수 있다. 그러나 그 정도를 넘어서 극찬과 저주라는 양극화된 태도를 보이는 건 너무 심하지 않은가?

'이재명 로펌'이 된 민주당

이후에도 이재명은 "'이재명 로펌'이 돼가는 민주당"이라는 말이 나올 정도로 민주당을 통째로 자신의 방탄 로펌으로 활용하는 천재적인 재능을 선보였다.[40] 이미 2년 전 『경향신문』

정치부장 박영환은 "민주당은 '이재명 로펌' 말고도 해야 할 일이 많다"고 충언을 했지만,[41] 자주 사고를 쳐 민심에서 멀어지기 바쁜 윤석열과 김건희의 간접적 도움 덕분에 '이재명 로펌'은 탄탄대로를 내달렸고, 이로써 이재명은 한국 전관예우 역사의 새로운 장을 활짝 열어젖혔다.

7년 전 "전관예우로 인해 가장 공정해야 할 법조계가 가장 부패한 곳으로 변질됐다"며 '전관예우 척결'을 부르짖었던 사람이 그래도 되는 걸까? 그러나 반대편엔 '박근혜 트라우마'에 기대 '지지층의 상처 혹은 공포심을 인질 삼아 버티는 정권'이 있으니,[42] 무슨 일을 해도 무사하다. 윤석열과 이재명이 협업으로 연출해내는 '적대적 공생'이라는 거악巨惡 체제하에서 전관예우는 그 얼마나 사소하고 하찮은 것인가?

스스로 자기 무덤을 판 윤석열의 충동적이고 자멸적인 12·3 비상계엄 선포 사건으로 인해 그 '적대적 공생'의 균형은 깨졌다. 하지만 법조인과 법조인 출신이 과도한 권력을 행사하는 '법조공화국'의 기본 질서엔 아무런 변함이 없다. 얼른 생각하면 법조 우대와 동경이 세계 최고 수준이기에 법조 신뢰와 존중도 세계 최고 수준일 것 같지만, 오히려 정반대라는 데에 법조공화국의 비극이 있다. 법조 우대와 동경이 사적 욕망을 충족시키는 것과 밀접하게 연결되어 있기 때문

이다. 최근 행시·외시 출신 공무원들과 대기업 사원들에게
까지 불어닥친 '로스쿨 입시 광풍'이 그걸 단적으로 말해주
고 있지 않은가?

국민적 신뢰도
추락에 둔감한
사법부

바닥을 기는 사법부 신뢰도

"사법부 신뢰도는 경제협력개발기구OECD 국가 중 꼴찌 수준이고, 대법원이 검찰과 함께 경찰보다 낮은 신뢰도를 기록했다. 그런데도 사법개혁은 없다."(세명대 교수 이봉수)[1] "(영국의 레가툼 번영지수 보고서에 따르면) 사법체계와 법원에 대한 신뢰도는 전체 167개국 가운데 155위로 거의 바닥을 찍었다.……이런 불신에도 한국은 법조인들이 점령하는 국가가 돼가고 있다."(서울대 교수 한승희)[2]

이렇듯 사법부 신뢰도가 바닥을 기고 있는 이유 중 하나는 늑장 재판이다. 헌법 제27조 제3항은 "모든 국민은 신속한 재판을 받을 권리를 가진다"고 명시하고 있다. 현행법은 민사소송은 1심과 항소심 각각 5개월 이내에, 형사소송은 1심 6개월, 항소심 4개월 이내에 선고하도록 규정하고 있다. 공직선거법 제270조는 "선거범 재판의 선고는 1심은 공소제기 후 6개월, 2심 및 3심은 전심 선고 후 각 3개월 (합계 1년) 이내에 반드시 해야 한다"고 규정하고 있다. 그러나 모두 다 말이 그렇다는 것일 뿐 믿을 게 못 된다.

재판 지연은 김명수 대법원장 시절(2017년 9월~2023년 9월)에 악화되었다. 그의 대법원장 취임 이후 1심에서 1년 넘게 처리되지 못한 재판이 급증했으며, 민사는 65퍼센트, 형사는 68퍼센트 늘어났다.[3] 2022년 대한변호사협회의 설문조사에 응답한 변호사의 약 90퍼센트가 최근 5년간 재판 지연을 경험했다. 이에 대해 변호사 이상직은 다음과 같이 말했다.

"법관이 재판을 통해 정의를 실현하고 인권을 구제하는 최후의 보루다. 재판이 늦어지면 어떻게 되겠나. 재판 지연은 사법부에 대한 국민의 불신을 키울 뿐 아니라 국가의 권위와 위상을 위협한다.……정당한 사유가 있는 경우가 아니라면 재판부에 재판 지연을 경고하고 구속 기간 안에 판결을 의무화하는 조치가 필요하다. 만성적 재판 지연은 민주주의 마지노선인 사법부를 무너뜨리고 국가 존립을 위협한다."[4]

왜 그렇게 되었을까? 김명수가 사법 민주화라면서 도입한 법원장 후보 추천제와 고등법원 부장판사 승진 제도 폐지 때문이라는 설이 유력하다. 법원장 후보 추천제는 각 법원마다 소속 판사들이 투표를 통해 법원장 후보를 복수로 선출하면 대법원장이 한 명을 법원장으로 임명하는 방식이다. 그래서 법원장이 자신을 뽑아준 후배들 눈치를 보느라 사건을 빠르게 처리하라고 지시하는 게 어려워졌다.[5] 고등법원 부장판사 승진제도 폐지는 판사들이 업무에 매달리는 대신 '워라밸(일과 삶의 균형)'을 추구하게 만들었다. 수도권의 한 20년차 변호사는 "고법 부장 승진제를 없애버린 후 재판부가 4~5주 안에 선고할 것도 두 달 뒤로 미뤄버린다"며 "판사들에게 법원이 오로지 하나의 직장이 돼버렸다"고 비판했다.[6]

그러나 김명수는 퇴임 직전 가진 기자간담회에서 '재판 지체'가 심각해진 것은 인정하면서도 자신의 책임은 인정하지 않았다. 그는 "취임사에 밝혔던 것처럼 신속과 효율도 중요하지만 충실한 심리를 통해 국민에게 감동을 주는 재판을 하려고 했다"며 "(변호사 출신 등) 경력 법관들이 늘면서 예전처럼 사명감과 열정만 갖고 일하기 어려운 상황이 됐고 법관 수도 부족하다. 코로나로 재판이 정지되는 등 복합적인 원인으로 재판이 지연됐다"고 했다.[7]

하지만 '워라밸'의 영향은 인정하는 게 좋을 것 같다. 법원행정처와 법원공무원노조는 '워라밸' 촉진을 위해 '오후 6시 이후 재판 자제' 정책추진서에 합의하기도 했다. 서울중앙지법에선 평판사들이 부장판사들에게 '한 달에 합의부 사건은 2~3건만 선고', '배석판사가 쓴 판결문 수정은 한 번만 할 것,' '배석판사와의 합의(논의)는 일주일에 두 번만 할 것'이라는 요구 사항을 전달한 일도 있었다고 한다. 한 부장판사는 "의욕적으로 하려는 판사는 모난 돌로 찍혀 정 맞는 분위기"라고 했다.[8]

늑장 재판에 감봉 처분을 내린다면?

'워라밸'은 판사를 비롯한 법원 노동자들의 복지·인권 향상에 기여한 것이니, 김명수가 자랑스럽게 생각해도 좋을 업적이다. 말이야 바른 말이지만, 우리 사회는 2~3년마다 이사해야 하는 판사들의 고충에 너무 둔감하다.[9] 그들의 처우 개선에 더 많은 관심을 가져야 할 것이다. 그런데 문제는 '워라밸'로 인해 심해진 재판 지연의 해소를 위해 어떤 다른 대책을 강구했으며, 그걸 위해 얼마나 애를 썼느냐는 점이다.

소송이 길어지면 당사자들은 큰 고통을 겪는다. 경제적 부담이 늘어나는 건 물론이고 생업을 포기하는 경우도 많다. 판사들이 법정에 들어가서 가장 자주 듣는 말 중의 하나가 "재판 결과가 어떻게 되든 제발 빨리 좀 끝내주세요"다. 피가 마를 지경이라며 고통을 호소하는 이가 많지만, 사법부와 국회는 눈 하나 깜짝하지 않았다.[10]

사법정책연구원의 「재판의 지연 실태와 신속화 방안」에 따르면 2019년 기준 법관 1인당 민·형사 본안 사건 수는 독일의 약 5.17배, 일본의 약 3.05배, 프랑스의 약 2.36배다. 재판 진행 속도를 높일 가장 효과적인 방법이 '판사 증원'이지만, 다른 공무원과 달리 판사와 검사의 증원은 '각급 법원 판사 정원법'(3,214명)과 '검사정원법'(2,292명)의 엄격한 통제를 받는다. 법을 개정해 늘리면 되지만, 여야의 정략 대결에 발목이 잡혀 시간을 질질 끌었다. 그래서 법관 정원은 2014년부터 10년째 3,214명으로 묶이는 기가 막힌 일이 벌어졌다.[11]

국회만 나쁜가? 사법부엔 문제가 없는가? 혹 독자들 중엔 국민의 고통을 외면한 국회의 한심한 직무유기 작태에 판사들이 집단적으로 분노를 표했다거나 비판을 퍼부었다는 이야기를 들은 적이 있는가? 아마 없을 게다. 좋게 말하자면 사법부는 너무 점잖았고, 나쁘게 말하자면 재판이 지연되어도 오후 6시에 칼퇴근만 하면 그만이라는 생각을 했던 것 같다.

그런 상황에서 대법원장 조희대는 "모든 국민은 신속한 재판을 받을 권리를 가지는데도 법원이 지키지 못해 국민의 고통을 가중시키고 있다"(2023년 12월 11일 취임사)고 했다.[12] 그가 재판 지연이 국민적 사법 불신의 원인이 될 정도로 심각해졌다는 걸 깨달은 건 박수를 칠 만한 일이지만, 진행 속도가 느리다는 점에서 아쉽다. 2024년 12월 10일 판사 정원을 현행 3,214명에서 3,584명으로 총 370명을 2025년부터 2029년까지 5년에 걸쳐 단계적으로 증원하는 내용의 '각급 법원 판사 정원법 일부개정안'이 국회 본회의에서 가결된 건 반길 일이지만, 증원 숫자가 적다는 점에서 아쉽다.[13]

민감한 정치적 사건에서 재판 지연으로 회피하려는 '비겁함'도 문제다. 조국의 입시 비리 사건 판결을 5년 만에 확정한 것이나 문재인 정부의 울산시장 선거 개입 사건의 항소심까지 5년 넘게 시간을 끈 것은 비판받아 마땅하다. 이런 정치적 재판 지연은 비판이나마 할 수 있지만, 보통 사람들에겐 그것마저 어려우니 죽을 맛이 아닌가?

사법부는 어느 언론인이 던진 다음 질문을 뼈 아프게 받아들이면서 부디 많은 시민이 겪고 있을 늑장 재판의 고통에 대한 둔감함에서 벗어나기를 간절히 바란다. "공직선거법 재판에서 신속한 판결을 위한 소위 '6·3·3 원칙'을 안 지킨 판사에게 그에 해당하는 12개월(6+3+3) 동안 전액 감봉 처분을 하는 법 개정안을 내놓으면 여론이 어떻게 움직일까."[14]

국제인권법연구회는 왜 그럴까?

사법부 신뢰도 추락에 큰 영향을 미치는 건 늑장 재판과 더불어 재판 결과에 대한 불신이다. 무엇보다도 판사의 이념이나 정치적 지향성이 판결에 영향을 미쳤을 거라는 의심이 강하다. 따라서 판사들은 그런 의심을 하지 않게끔 언행을 조심해야 할 텐데 현실은 전혀 그렇지 못하다.

한국은 여러모로 자랑스럽게 생각할 만한 나라이지만, 파벌주의가 극심한 나라라는 건 인정하자. 공적 영역에서 사조직을 호환마마처럼 여겨야 할 이유다. 그래서 파벌주의의 폐해에 민감한 공기관이나 대기업에선 동문회·향우회 등과 같은 사조직·사모임을 묵계의 관행으로 억제하거나 눈총을 준다. 전면 금지할 순 없지만, 자제하라는 뜻이다. 그런데 도저히 이해할 수 없는 게 사조직 문제가 늘 뜨거운 논란이 되는

데도 그걸 굳세게 보호하려는 사법부의 생각 또는 고집이다.

국제인권법연구회는 2011년 발족한 법원 내 학술단체로, 법원의 판결이나 결정이 나올 때마다 논란이 되었다. 그럴듯한 명분을 내건 학술단체라지만 어느 모로 보건 사조직이다. 그것도 이념·정치 지향성을 갖고 있다고 여겨지는 사조직이다. 전국 법관 3,100여 명 중 400여 명이 이 연구회 소속이라고 한다.[15] 국제인권법연구회 회장 출신인 전 대법원장 김명수의 2017년 9월 인사청문회 한 장면을 보자.

"대법원장이 되면 국제인권법연구회를 끊어낼 수 있느냐는 우려가 있습니다."(이용주) "그 사람들이 어떤 특혜를 받을까 하는 걱정은 안 하셔도 됩니다."(김명수) "그 연구회를 끌고 가는 30~40명을 제외한 나머지 법관들은 공포에 사로잡혀 있답니다."(주광덕) "숙청이라는 표현도 쓰시는데, 그렇게 하지 않을 겁니다."(김명수)[16]

하지만 4년 후엔 이런 기사가 나온다. "국제인권법연구회 소속 판사들이 최고 법원인 대법원에서부터 중간 간부 주요 보직에 대거 진출했고 일선 판사 회의체를 주도하고 있는 것으로 확인됐다. 인권법연구회 판사들이 '김명수 사법부'의 요직 곳곳을 장악하고 기득권화하고 있다는 비판이 제기되고 있다."[17]

국제인권법연구회에 비판적인 『조선일보』는 해체를 요구하는 사설을 쓰기도 했다. "지금 변호사 업계에선 인권법연구회 명단을 구하려고 난리다. 변호사들은 사건을 맡으면 판사가 인권법 소속인지부터 확인한다고 한다. 인권법이냐 아니냐에 따라 재판 결과가 달라지기 때문이다. 판사의 정치 성향에 따라 판결이 달라진다면 법치국가라 할 수도 없다. 김명수의 사조직이자 정권 호위부로 낙인찍힌 인권법연구회는 당장 해체해야 한다."[18]

반면 『한겨레』는 이런 비판에 대해 "법관들의 전문 분야 연구모임인 국제인권법연구회를 향한 보수언론의 '낙인찍기'가 재현되고 있다"며 "법조계 일각에서는 '과거 우리법연구회를 겨냥한 공격과 판박이다. 진보적 성향의 법관을 위축시키려는 의도가 숨어 있다'는 평가가 나온다"고 했다.[19]

정말 답답하다. 이건 쉽게 합의를 도출할 수 있는 문제인 것 같은데, 왜 이렇게 생각이 다른 걸까? 혹 보수 쪽의 대응에 문제가 있었던 걸까? 굳이 "김명수의 사조직이자 정권 호위부"라며 비난할 필요가 있었을까?[20] 아무리 좋은 일을 하더라도 이념·정치 지향성과 무관할 수 없는 사조직은 곤란하지 않느냐는 원론적 접근을 했어야 했던 게 아닌가?

그럼에도 더 답답한 건 국제인권법연구회일 게다. 사실과 다른 오해와 비판이 난무하면 회원들이 얼마나 속상하고 억울할까? 사실과 다른 오해는 없다는 걸까? 그 어느 쪽이건 화가 나서라도 스스로 해체하자고 나서면 좋으련만 그렇게 하진 않으니 참 이상하다. 누구에게나 열려 있는 세미나 모임과 같은 느슨한 형식으로 활동하면 학술 연구를 할 수 없다는 걸까? 바닥을 기고 있는 법원·사법부의 신뢰도 회복을 위해서라도 사조직에 대한 감즉은 조직 밖에서 다른 방식으로 해소하면 안 되는 걸까? 이른바 '법조 특권주의'에 무지몽매한 우문인가? 정말 이해가 가질 않아 던지는 질문이다.

'재판관 개인 성향'을 어떻게 볼 것인가?

2025년 들어 사조직의 문제가 또다시 크게 불거졌다. 1월 우리법연구회가 헌법재판소의 윤석열 대통령 탄핵 심판과 관련해 격한 논란의 대상이 되었다. 국민의힘 원내대표 권선동은 1월 30일 "헌재가 민주당식 독재에 제동을 걸어야 하지만 문형배 헌재 소장 권한대행과 정계선·이미선 재판관 모두 우리법연구회 출신으로 오히려 공정성 논란을 키우고 있다"며 심판 회피를 촉구했다.[21]

다음 날 헌재 공보관 천재현은 "대통령 탄핵 심판 심리 대상은 피청구인(윤석열)의 행위가 헌법이나 법률에 위배되는지와 그 위반 정도가 중대한지 여부"라며 "이에 대한 판단은 헌법과 법률을 객관적으로 적용해 이뤄지는 것이지 재판관 개인 성향에 의해 좌우되는 건 아니다"고 했다.[22] 이에 대해 『조선일보』 사회부장 황대진은 "하지만 실제 재판 결과는 다르다. 이진숙 방송통신위원장 탄핵, '검수완박(검찰 수사권 완전 박탈)' 권한쟁의 등에서 재판관들은 평소 언론이 분류한 성향 그대로 판결했다"며 다음과 같이 말했다.

"특히 우리법·인권법 출신은 기각이든 인용이든 같은 의견을 낸 경우가 72%에 달하고, 정치적으로 민감한 사건에선 이 비율이 90%까지 오른다는 분석도 있다.……사람들은 요즘 예상과 다른 판결이 나오면 '혹시 그 판사 인권법이냐'부터 묻는다. '재판이 곧 정치'라면 '판사가 곧 정치인'이 된다. 삼권 분립이 허물어지고 공정한 재판을 받을 국민의 권리가 그만큼 침해당한다."

이어 그는 이런 말을 덧붙였다는 걸 밝혀둘 필요가 있겠다. "그러나 인권법 소속이라고 다 야당에 유리한 판결만 내리는 것은 아니다. 민주당 이재명 대표 선거법 사건 1심에서 징역형을 선고한 한성진 부장판사도 인권법 출신이다. 추미애 법무장관의 징계 결정을 뒤집고 윤석열 검찰총장에게 업무 복귀의 길을 열어준 판사도 인권법 출신 조미연 판사다. 인권법 판사들은 '회원이 400명이 넘기 때문에 스펙트럼이 넓다'고 한다. 우리법·인권법이란 이유만으로 판사들을 낙인찍어선 안 된다는 것이다."[23]

원론적으론 "재판이 재판관 개인 성향에 의해 좌우되는 건 아니다"는 말이 맞지만, 그건 당위의 선언에 가깝다. 옳은 말씀이라 하더라도 논란을 잠재우기엔 턱없이 모자란 답변이라는 생각이 든다. 국민의힘의 헌재 비판엔 동의할 수 없지만 좀더 살펴볼 점은 없는지 생각해보기로 하자.

공정하며 믿을 만하다는 이미지가 중요하다

우리법연구회의 탄생 배경은 충분히 이해할 만하다. 『한겨레』논설위원실장 권태호가 잘 지적했듯이, "우리법연구회는 1987년 민주화 이후에도 노태우 정부가 전두환 시절의 김용철 대법원장을 다시 대법원장으로 임용하려 하자, 소장파 판사 335명이 반대하고 나선 것에서 비롯됐다. 이후 보수적인 법원 내에서 '진보적' 목소리를 내왔다".[24]

이해하는 정도를 넘어서 박수를 쳐줘도 좋을 일이다. 그런데 문제는 지금은 1987년이 아니며 그로부터 30년 넘는 세월이 흘렀다는 사실이다. 우리법연구회는 2009년 기준 회원 129명(당시 현직판사의 3퍼센트 규모)을 보유했으나, 2010년 사실상 해체되었다. 따라서 논란의 대상에서 벗어날 만도 한데, 2011년 출범한 국제인권법연구회가 사실 여부와 관계없이 우리법연구회의 후신으로 여겨지고 있는 바람에 논란이 그치질 않는다(『조선일보』 사회부장 황대진에 따르면, "(국제인권법연구회) 창립 멤버 31명 중 10명이 우리법연구회 출신이다. '우리법' 회장을 지낸 김명수 전 대법원장이 인권법 초대 회장을 맡았다. 인권법이 우리법의 후신後身이란 말이 나오는 이유다").[25]

며칠 후엔 국제인권법연구회가 논란의 중심이 되었다. 2월 4일 문재인 정부의 '울산시장 선거 개입' 의혹 사건과 관련해 '하명 수사' 혐의 무죄를 선고한 주심 판사가 국제인권법연구회 출신이라는 게 '문제'가 된 것이다. 공식적으론 아무 문제가 없지만, 관련 기사의 댓글은 국제인권법연구회에 대한 격한 비난 일색이다(이 판결은 당시 울산시장 후보 송철호와 울산경찰청장이었던 황운하에게 각각 징역 3년을 선고한 1심 판결을 정반대로 뒤집은 것이다. 이 판결을 어떻게 평가하건, 법리적으론 옳다 하더라도 일반인의 상식을 초월하는 판결이 법원에 대한 불신을 악화시키는 문제는 생각해볼 필요가 있겠다. 『조선일보』는 사설을 통해 "당시 황 청장은 수사에 미온적인 경찰관들을 인사 조치한 뒤 수사를 강행했다. 이후 국힘 후보가 공천받던 날 그의 사무실을 압수수색해 찬물을 끼얹었다. 선거 직전까지 청와대에 수사 상황을 18회나 보고하기도 했다"며 다음과 같이 말했다. "이 사건에 가담했다는 의심을 받던 청와대 민정수석실 출신의 검찰 수사관은 스스로 목숨을 끊기도 했다. 불법 하명 수사가 아니라면 이런 무리하고 참담한 일들이 왜 벌어졌겠나. 문 전 대통령은 이 사건에 대한 검찰 수사를 막기 위해 수사팀을 해체시켰다. 전대미문의 일이었다. 무죄라면 왜 이렇게 했겠나. 울산 사건 재판은 우리법연구회 출신 판사의 노골적인 재판 뭉개기로 무려 15개월 동안 진행되지 못했다. 무죄라면 왜 이렇게 했겠나.")[26] 이런 일이 벌써 몇 번째인가? 지겹지도 않은가?

『주간조선』기자 여다진은 "법원 내에는 전문 분야에 따라 13~15개의 공식 연구모임이 있는데, '우리법연구회'는 보수 성향 법관 모임인 '민사판례연구회'와 대척점에 서 있다는 평을 받는다"며 "'우리법연구회'와 '민사판례연구회'는 정치권에 의해 여러 논란의 중심에 서게 됐지만, 사실 법조계 인사들은 두 모임에 대해 '그렇게 나쁘지만은 않다'는 평가를 내놓고 있다"고 말한다.[27]

그런데 법조계 내부의 평가보다 더 중요한 것은 예상과 다른 판결이 나오면 '혹시 그 판사 인권법이냐'부터 묻는 사람들이 갖는 느낌이다. 이런 느낌에 대해 '재판관 개인 성향'을 따지는 건 부당하다는 반론은 무책임하다. 이탈리아 정치가이자 사상가인 니콜로 마키아벨리Niccolò Machiavelli, 1469~1527는 "모든 사람들이 당신의 겉모습을 보지만 당신의 본질을 인지하는 자는 소수에 불과하다"고 했다.[28] 미국 정치학자이자 철학자 해나 아렌트Hannah Arendt, 1906~1975도 "그 어떤 분야보다도 정치에서는 실재와 겉모습을 구별할 길이 없다"고 했다.[29] 어떻게 보이느냐가 중요하다는 뜻이다. 재판관에겐 더욱 그렇다. 오해의 소지를 없애 공정하며 믿을 만하다는 이미지나 느낌을 주어야 한다.

사법부는 왜 사조직에 둔감한가?

2025년 1월 19일 새벽 2시 59분경 현직 대통령으로서 헌정 사상 최초로 체포된 윤석열에 대해 내란 우두머리 혐의로 구속영장이 발부되자, 수백여 명의 윤석열 지지자가 벌인 서울서부지법 난입 사태는 그야말로 충격이었다. 2월 7일 퇴임한 서울고등법원장 윤준은 퇴임사에서 "제가 평생을 봉직

해온 법원이 그런 참사를 당할 때 가슴이 무너져 내렸다"며 "법원에 대한 국민의 신뢰와 사랑이 확고했더라면 감히 그런 일이 있었을까 생각해본다"고 했다. 이어 "재판의 공정성과 법관의 정치적 중립성에 대한 믿음이 반석처럼 굳건하였다면은 그런 일은 엄두조차 내지 못하였을 것"이라며 "재판의 공정성과 법관의 정치적 중립성은 우리의 존재 기반이자 존재 이유"라고 했다.[30]

대부분의 판사들이 '엄벌'을 외치고 나선 상황에서 그런 과감한 자기성찰을 할 수 있다니 절로 고개가 숙여진다. 윤준은 "민주주의 최후 보루인 법원과 법관을 지키기 위해서는 모든 법관이 재판의 공정성과 정치적 중립성이 의심받지 않도록 재판과 언행에 신중을 다해야 한다"고 당부했는데, 바로 이게 문제의 핵심이다. 재판을 받거나 보는 사람들에게 공정하며 믿을 만하다는 이미지나 느낌을 줄 수 있게끔 판사들은 신중한 언행을 보여주어야 한다.

윤준은 『조선일보』 인터뷰에서 "왜 법원이 국민에게 신뢰받지 못한다고 보나"라는 질문에 이렇게 답했다. "특정한 사건 때문이라고 보기 어렵다. 오랜 시간 지속된 현상이다. 판결이 나왔을 때 그것이 판사 성향에 좌우된다는 인식이 팽배할 때부터 신뢰가 많이 약해졌다."[31] 그렇다. 판사 성향의 문제가 중요한 이유가 바로 여기에 있다.

판사가 특정한 정치적 성향을 갖는 건 불가피하다고 해서 그걸 온라인 활동을 통해 마구 드러내는 게 괜찮다는 의미는 아니다. 그럼에도 과거 문형배처럼 그게 용인되고 있는 게 우리의 현실이다(문형배는 10여 년 넘게 온라인 활동을 하며 정치 성향을 자주 드러냈다는 지적을 받았다. 판사의 SNS 활동이 논란이 되자 대법원은 2012년 "재판의 공정성을 해치지 않는 선에서 하도록" 가이드라인을 정했지만 권고사항일 뿐이고, 헌법재판관에겐 별도 규정이 없다. 그런데 논란이 되었던 "굳이 분류하자면 우리법연구회 내부에서 제가 제일 왼쪽에 자리 잡고 있을 것"이라는 문형배의 발언은 원래 취지가 왜곡되어 알려진 것이다. 『한겨레』 논설위원실장 권태호가 잘 지적했듯이, 글 전문을 보면, "그런데 친구들과 이야기해보면 제가 참 보수적이거든요. 문제는 좌, 우를 나누는 잣대조차 불분명하다는 것입니다"는 말이 이어진다. '판사들이 사회적 흐름에 비해 보수 성향이 높다'는 점을 스스로 경계하는 차원에서 말한 것이다).[32] 이는 국제인권법연구회가 특정한 정치적 성향을 갖고 있다고 여겨지는 사조직임에도 용인되고 있는 것과 맥을 같이한다. 민간 영역인 대기업에서조차 금기시되는 일이 왜 사법부에선 가능할까? 혹 자신의 공정성을 과신하는 법조 특권주의 때문은 아닐까? 사법고시 합격 이후 이 사회가 부여하는 온갖 특혜의 홍수 속에서 갖게 된 특이체질 말이다.

대법원장 조희대는 2023년 12월 5일 국회 인사청문회에서 국제인권법연구회 문제가 지적되자 "법관은 그런 오해를 받을 수 있는 모임을 절대 하지 않아야 한다"고 말했다.[33] 옳은 말씀이다. 하지만 대법원장에겐 사조직을 금지시킬 수 있는 힘이 없는 것 같다. 집단 전체가 공유하는 법조 특권주의 습속 때문일 게다. 자꾸 논란을 낳는 특권을 과감하게 내려놓고 신뢰 회복을 위해 애쓰는 사법부를 보고 싶다.

맺는말
'개천에서 용 나는' 모델을 넘어서

사외이사는 거수기 또는 정·관계 로비스트

(1) 사외이사들이 기업들로부터 고액 연봉, 골프회원권, 해외 출장 등 과도한 혜택을 받으며 '허수아비 거수기' 역할을 한다는 비판이 나오고 있다. 학계에선 '사외이사 되는 법' 같은 강좌가 개설되는 등, 제사보다 젯밥에 더 관심이 많은 분위기도 생겨나고 있다.[1]

(2) 사외이사 연봉 1억 원 넘는 기업이 삼성전자·SK· SK텔레콤 등 13곳에 달한다. 이쯤 되면 부업인지, 본업인지 헷갈릴 정도다.⋯⋯인맥을 총동원해 기업에 줄을 대는 사람이 늘어나면서 전세는 역전됐다. 기업이 갑이 돼 입맛에 맞

는 사람을 고른다.[2]

(3) 고위 관료 출신의 선임은 노후를 보장해주는 대신 대주주·경영진 바람막이로 활용하기 위한 '낙하산 인사'에 다름 아니다. 이들에게 사외이사 자리는 이미 고급 사교 클럽에다 추후 정무직 자리를 기다리는 정거장으로 변질된 지 오래다.[3]

(4) 사외이사는 외환 위기 이후 대주주의 경영 독단을 견제하고 기업 경영의 투명성을 높이기 위한 목적에서 상법으로 도입한 제도다. 하지만 경영 전문가 대신 판검사, 고위 관료, 국세청 등 힘 있는 기관 인사를 뽑아 로비스트나 바람막이 용도로 활용하는 것이 관행처럼 자리 잡고 있다. 지난 3월 주총에서 30대 그룹의 71사가 사외이사 103명을 추천했는데, 이 중 40%가 법조계·관료 출신이었다. 사법 리스크에 시달리는 삼성그룹은 신규 사외이사 18명 중 13명(72%)을 전직 판검사·관료들로 채웠다.[4]

(5) 경향신문 데이터저널리즘팀이 시가총액 기준(지난 5월 14일) 한국과 미국의 100대 기업 사외이사 경력을 비교해보니 미국은 900명 중 791명(87.9%)이 기업 경영인이거나 금융·회계업계 출신이지만 한국은 470명 중 120명(25.5%)에 그쳤다. 한국 기업의 사외이사 중 가장 많은 이들은 대학교

수 등 학계 출신으로 절반 가까이인 47.9%에 달했다. 반면 미국 기업은 학계 출신 사외이사 비율이 8.1%에 불과했다. 한국 기업에서는 미국보다 법조나 관료 출신 인사들도 두드러졌다. 전체 사외이사의 13.8%인 65명이 판사나 검사, 변호사 출신 인물이었다. 그중 검사 출신은 20명으로 전체의 4.3%였다. 미국 기업의 사외이사 중 법조 출신은 1.7%로 한국의 8분의 1 수준에 그쳤다. 장차관이나 정부 주요 직위자 등 관료 출신은 한국이 14%인 반면, 미국은 4.6% 수준으로 3배 가까이 차이가 났다.[5]

한국에서 '엘리트'란 무엇인가?

2024년에 나온 언론의 사외이사 비판 가운데 5개만 골라 소개한 것이다. 내가 사외이사에 대해 관심을 갖게 된 건 10여 년 전 「서울대 교수 92명 사외이사 겸직…한 해 평균 4,234만 원받아」라는 『한겨레』 기사를 주제로 글을 쓰면서부터였다.[6] 당시 나의 관심은 교수와 관련된 지식사회학이었지만, 나중엔 사외이사 관련 기사들이 매년 거의 똑같이 반복되는 걸 눈여겨보는 언론사회학으로 발전했다.

그간 사외이사의 문제와 관련해 가장 많이 등장한 단어는 '거수기'일 게다. 2023년 100대 기업 이사회에서 사외이사가 반대표를 던진 것은 0.4퍼센트에 불과했다고 하니,[7] 거수기라는 표현은 결코 과장이 아니다. 그런데 이 거수기 비판은 매년 반복되지만, 달라지는 건 전혀 없다. 그러니 다음과 같은 생각을 해보는 것도 무리는 아닐 게다.

"모든 언론이 거수기 노릇은 나쁘다고 지적했으면 달라지는 시늉이라도 내야 하는 것 아닌가? 그런데 왜 기업들, 아니 그들이 고른 사외이사들은 꿈쩍도 안 하지? 언론은 그걸 궁금하게 여기긴 하는 걸까? 그냥 의례적으로 했던 비판 아닌가? 어차피 담당 기자는 바뀔 테니, 다음엔 다른 기자가 새로운 자세와 기분으로 사외이사의 거수기 노릇을 비판할 게 아닌가. 물레방아처럼 돌고 도는 세상인데 세상만사 둥글둥글 살아야지 이런 식으로 따지려 드는 게 오히려 더 문제인지도 모르겠다."

언론이 연례행사처럼 비판은 매년 반복하지만 전혀 바뀌지 않는 건 사외이사 문제만은 아니다. 주요 문제들이 다 그런 식이다. 전관예우는 어떤가? 이념의 좌우를 막론하고, 스스로 정의롭다고 주장하는 이들까지 가세해서 받아먹으려고 애쓰는 '꿀단지'가 아닌가? 이는 깊이 파고들면 사실상 '착취'의 문제와 연결되지만, 모두 다 눈 하나 깜짝하지 않고 자기 몫을 챙기겠다고 혈안이 되어 있다. 그 심리는 이렇다.

"내가 누군지 알아? 내가 어떻게 해서 이 자리까지 왔는데! 다른 사람들 놀고 즐길 때 나는 피땀을 흘리면서 목숨 걸고 공부했단 말이야. 그렇게 해서 어렵게 쟁취한 이 자리가 그렇게 만만해 보여? 내가 누릴 만해서 누리는 걸 과거에 놀았거나 능력이 모자란 사람들이 배 아파하면서 똑같아지겠다고 시비를 거는 건 내가 흘린 피와 땀에 대한 모욕이야."

그런 생각을 '추한 능력주의'라고 비판할 필요는 없다. 우리 모두 그런 목표를 추구하면서 열심히 살아왔고, 국가적 차원에선 성공했으니까 말이다. 우리는 그렇게 성공한 사람들을 가리켜 '엘리트'라고 부른 지 오래다. 그 엘리트의 범주에 들어갈 가능성조차 없다고 느낀 사람들은 나름의 자구책을 마련했으니, 그건 바로 결혼과 출산의 회피 또는 거부다. "그래 그렇게 잘난 당신들만 대를 이어 부귀영화를 누리시구려."

강남은 '한국 자본주의의 엔진'이 아니란 말인가?

역대 정권들과 정치인들은 국가적으로 매우 중요하지만 표를 얻는 데에 도움이 되지 않을 골치 아픈 문제는 한사코 피해서 도망다녔다. 문제해결 요구의 권리를 포기했다는 점에서 언론은 물론 보통 사람들도 면책될 수는 없다. 종기는 곪아서 터질 것 같을 때까지 기다렸다가 한번에 터트려야 한다지만, 사회적 문제는 그렇게 하면 재앙이다.

더는 도망갈 수 없는 시점에 이르러 뒤늦게나마 문제해결에 나서게 되었다면, 부작용이 없을 리 없다. 이때 대립하는 양측이 가장 경계해야 할 것은 증오다. 특정 개인이나 집단의 책임을 연대책임으로 돌리는 건 후안무치한 일이지만, 연대책임을 특정 개인이나 집단의 책임으로 돌리는 건 어리석은 일이다. 각자도생은 그간 국가적 DNA가 아니었던가?

이걸 냉소주의로 오해하면 곤란하다. 이 책을 법조인에 대한 비판이나 비난으로 보는 것도 곤란하다. 나는 그간 "저주와 축복은 동전의 양면"이라는 식의 주장을 많이 해왔다. 세상사 모든 일엔 명암明暗이 있다는 건 상식으로 통용되지만, 이 상식은 의외로 현실 세계에 잘 적용되지 않고 있다는 걸 나는 자주 지적해왔다.

나는 2006년에 출간한 『강남, 낯선 대한민국의 자화상: 말죽거리에서 타워펠리스까지』에서 강남을 긍정했다. 미시적으론 평소 강남을 비판하는 글을 꽤 썼지만, 거시적으론 세상의 양면성을 동시에 보아야 한다는 지론 때문이었다. 나는 이 책의 결론에서 다음과 같이 주장함으로써 강남에 비판적인 사람들을 불편하게 만들었다.

"'강남 정신'은 적어도 정신과 문화의 측면에서 볼 때에 강남이 한국 자본주의의 엔진일 수 있다는 걸 시사한다. 보다 높은 곳을 향한 무한 질주의 정신, 무언가 크게 한몫 잡을 수 있을 것 같은 기대감, 그리고 그런 정신과 기대감에서 비롯되는 욕망을 충족시키기 위해 전쟁하듯이 사는 삶의 태도를 잘 보여주는 게 바로 강남이라는 것이다."[8]

그리고 다음과 같은 말로 책을 끝맺었다.

"한국형 자본주의의 진로를 수정하는 건 결코 쉬운 일이 아니다. 우리 모두 '욕하면서 배운다'는 식으로 그것에 길들여져 있고 또 많은 사람들이 그것에 중독돼 있기 때문이다. 게다가 강남은 소비문화의 선두 주자로서 한국 사회에서 강력한 문화권력과 상징권력을 행사하고 있기 때문에, 또 한국인들이 워낙 '물'과 '기'에 민감한 사람들이기 때문에 더욱 그렇다. 그러나 적敵의 실체는 분명히 할 수 있잖은가. 이 책이 역설하고자 했던 건 괜히 사람들끼리 미워하지 말고 강남을 한국 시스템의 전형이자 엔진으로서 고찰해보자는 것이었다."[9]

내가 강남을 비판하는 건 강남이 누리는 부당한 특혜에 관한 것일 뿐, 강남에 살고자 하는 욕망은 나의 비판 대상이 아니다. 내가 비판하는 건 다음과 같은 특혜다. 2018년 9월 카카오톡에 한 지라시가 돌았다. '강남 27개, 도봉·서대문·양천·관악·금천·강북 28개.' 이름하여 '안 살아봐도 알 수 있는 강남 살고픈 이유'였다. 이를 소개한 『경향신문』 기자 전병역은 「이러려고 촛불을 들었나」라는 칼럼에서 "그중에 눈에 띄는 건 서울 강남구 지하철역 수가 하위 6개 자치구와 엇비슷하다는 대목이었다"며 "'역세권'이란 말처럼 집값을 결정하는 가장 큰 요소가 지하철역이란 점에서 웃어넘길 사안이 아니다"고 했다.

그는 "강남, 강남, 서울, 서울 하지 않게 해달라는 게 '성' 밖에 사는 평민들의 요구다. 실태는 어떤가. 부동산 시장에서 서울 중심은 시청이나 광화문, 서울역 따위가 아니다. 바로 강남역이다. 거기에 삼성이 있고 내로라하는 기업들이 있어서다. 정책은 거꾸로다"며 다음과 같이 말했다. "예컨대 강남 턱밑 판교에 한국판 실리콘밸리인가 뭔가를 유치했다. 판교가 어딘가. 노무현 정부가 서울 집값을 잡겠다며 개발한 신도시다. 결과는? 알다시피 제2 강남이 돼버렸다. 섣부른 공급 정책의 위험성을 보여준다. 거기에 더해 제2, 제3의 판교

테크노밸리까지 키우고 있다. 대체 누구를 향한 정부인가."¹⁰

'코리안 드림' 모델이 완성시킨 법조공화국

나는 2020년 7월에 출간한 『한류의 역사』라는 책의 '맺는 말' 제목을 "연꽃은 수렁에서 핀다"로 달았다. 한류는 우리가 자랑스럽게 생각해도 좋은 그런 요소들의 총합으로 이루어진 건 아니라는 걸 말하고 싶어서였다. 오히려 정반대에 가깝다는 게 나의 생각이다.

앞서 간 나라들의 대중문화 추종, 영어 열풍, 외모 차별, 성형 붐, 군사훈련식 육성, '코리안 드림'의 도박성, 승자독식형 인력 착취, 오락성 심화, 속전속결형 제작 방식, 드라마 망국론, 포털사이트를 비롯한 IT 기업들의 독과점, 방송사의 수직적 통합, 민방과 종편 허가 과정의 문제 등은 결코 자랑스러운 건 아니었다. '수렁'이란 표현은 지나칠망정 대중적 인식의 기준으로 부정적으로 볼 수 있는 것들의 총합이 '대중문화 공화국'과 한류를 낳았다는 게 나의 주장이다.

나는 법조공화국도 그런 문제의식의 연장선상에서 이해한다. 앞서 이 책을 법조인에 대한 비판이나 비난으로 보는 건 곤란하다고 한 것도 그런 양면성 때문이다. 한국에서 법은 정의보다는 출세의 수단이었다는 건 법조인에 대한 비판이나 비난이 아니다. 한국이라는 나라 자체가 아름답다고만 할 수는 없는 역사의 과정을 통해 선진국이 되었는데, 그렇다고 한국을 비판하거나 비난할 수 있겠는가?

법조공화국은 '코리안 드림' 또는 '개천에서 용 나는' 모델에 의해 완성된 것이다. 오늘날엔 좀 변질이 되었다지만, 사법고시는 개천에 사는 가난한 사람들에게도 개방된 최고급 벼락 출세의 출구였다. 앞서 제2장에서 소개했듯이, 사회비평가 박권일은 한국에서 가장 오래된 고시 잡지인『고시계』에 실린 합격자들의 합격 소감을 분석한 끝에 "고시는 한국인이 생각하는 능력주의의 이상에 가장 가까운 제도였다"고 하지 않았던가?[11]

그렇게 해서 출세한 용들 사이에서 '진보'니 '보수'니 하면서 맹렬한 싸움이 벌어지는 것 같지만, 그건 법조공화국이라는 체제 안에서 그 울타리를 존중하면서 이루어질 뿐이다. 개천에서 태어나 정치 분야에서 용이 되었거나 되려는 사람을 꼽으라면 노무현, 문재인, 이재명을 빼놓을 수 없을 텐데, 이들이 아무리 검찰 개혁이나 법조 개혁을 외친다고 해도 법조공화국의 든든한 울타리조차 건드리지 못하는 미풍에 그

칠 뿐이다. 검찰 개혁을 위해 가장 뜨거운 열정으로 가장 애를 쓴 것처럼 보인 문재인을 살펴보자.

『문재인의 운명』의 주요 내용이 바뀐 이유[12]

문재인은 『문재인의 운명』에서 노무현 서거와 관련해 검찰 책임론을 제기한 건 물론이고 '노건평 스캔들'과 '박연차 게이트' 등 일련의 비리 혐의와 관련해 서거 이전까지 노무현에 대해 매우 비판적이었던 진보언론도 비난했다. 그는 "무엇보다 아팠던 것은 진보라는 언론들이었다. 기사는 보수언론과 별 차이가 없었지만 칼럼이나 사설이 어찌 그리 사람의 살점을 후벼 파는 것 같은지, 무서울 지경이었다"며 "그렇게 날카로운 흉기처럼 사람의 마음에 깊은 상처를 주는 글을 쓴 사람들이 자신의 글에 대해 반성한 것을 보지 못했고, 글쓰기를 자제하는 것도 보지 못했다"고 했다.[13]

또 문재인은 일련의 비리 혐의 사건에 대해선 침묵한 채 이명박 정권의 정치적 보복 음모만 강조했다. 불가피하게 언급할 필요가 있을 때에도 "대통령님에게 큰 실수를 하게 된 권 여사님은 우리들에게 너무 면목 없어 했다"는 말로 슬쩍 넘어가는 식이었다.[14] 당시 상황을 잘 모르는 독자는 "도대체 무슨 실수를 했다는 것인가?" 하고 매우 궁금하게 생각할 정도로 앞뒤 연결이 영 어색했다.

이에 대한 궁금증을 풀어준 건 『오마이뉴스』 기자 손병관이 2022년에 출간한 『노무현 트라우마: 보복을 넘어 공존의 정치로』라는 책이다. 문재인은 『문재인의 운명』에서 검찰과 언론의 노무현 서거 책임론을 집중적으로 제기했는데, 손병관은 "문재인이 처음부터 노무현 서거의 책임을 검찰에 물었던 것은 아니다"고 했다. 『문재인의 운명』을 기획한 사람은 참여정부 홍보기획비서관이었던 양정철이었는데, 양정철 등의 '압력'으로 책 내용이 크게 달라졌다는 것이다. 손병관은 다음과 같이 말한다.

법률 대응을 위해 권양숙과 정상문(노무현 청와대 총무비서관)에게서 '돈 수수'의 사실관계를 확인한 사람이 문재인이었다. 권양숙이 자식들을 위해 이런 일을 한 것을 뒤늦게 알고 노무현이 충격을 받았다는 사실을 2009년 『한겨레』 인터뷰에서 처음 밝힌 것도 문재인이었다. 장례 기간 노무현의 일부 참모가 "대통령이 검찰 수사를 당할 만한 잘못이 뭐냐"고 분노를 터뜨리면 "(우리로서는) 면목이 없죠. 대통령도 그리 생각하셨으니 홈페이지를 닫은 것 아닙니까"라고 반문했던 그였다. 그 후에도 문재인은 "왜 민주 진영은 그런 일이 벌어지도록 한 잘못은 생각 안 하고 남 탓만 할까"라는 인식을 내비쳤다. 양정철 등 노무현을 가까운 거리에서 모셨던 참모들은 그럴 때마다 어쩔 줄 몰랐다. 그가 2011년 『문재인의 운명』을 쓸 때도 그런 인식은 사그라지지 않았다. 지금까지 알려지지 않은 사실이지만, 책 초고에는 노무현 서거의 '권양숙 책임론'을 선명하게 기술한 부분이 들어 있었다. 그러나 그 사실을 인지한 일부 참모들이 가만히 있지 않았다. "대통령을 보내드린 판국에 산 사람까지 죽이려고 하느냐? 대통령도 부인을 원망한 적이 없는데, 이걸 회고록에 넣는 것은 대통령에 대한 배신이다." 문재인은 그런 반응을 접하고도 한동안 "이게 핵심인데 왜 빼냐"는 입장을 굽히지 않았다. 청와대 시절 동고동락한 일부가 "끝내 이 얘기를 책에 넣겠다면 다시는 얼굴을 보지 않겠다"는 최후통첩을 보냈다. 우여곡절 끝에 최종본에서 '권양숙 책임론'이 삭제되면서 '검찰 책임론'이 한층 강하게 부각됐다.[15]

노무현은 이른바 '권력의지'가 없다는 이유로 문재인을 아예 대통령 후보감으로 생각조차 하지 않았다고 하는데,[16] 그랬던 문재인이 『문재인의 운명』을 계기로 바뀐 것이다. 노무현 서거의 진실을 있는 그대로 밝히는 것은 정직한 지식인의 역할이었을망정, 증오·혐오 마케팅을 주식主食으로 삼아 이전투구泥田鬪狗를 벌여야 할 정치인, 특히 대선후보가 할 일은 아니었던가 보다. 이런 변신도 바로 '문재인의 운명'이었을지도 모르겠다.

문재인의 그런 변화는 2011년 11월 하순에 출간된 『문재인, 김인회의 검찰을 생각한다: 무소불위의 권력 검찰의 본질을 비판하다』는 책에서도 잘 드러났다. 인하대 법학전문대학원 교수 김인회와의 공저 형식으로 이루어진 이 책에서 문재인은 "본질적으로 노무현 대통령에 대한 수사는 정치권력과 검찰의 복수극이었다"고 단언했다.[17] 12월 7일 서울 마포 아트센터에서 열린 '검찰을 생각한다' 북콘서트의 사회를 본 조국은 다음과 같이 말했다.

"검찰에서 (검찰 개혁을 추진하는) 법무부 장관의 뒤를 캘 가능성이 있다. 소문으로 흔들어서 이 사람을 낙마시킬 수도 있는 조직이다. 따라서 강골이고 깨끗한 사람이 필요하다.……정권 초반에 진보적이고 개혁적인 분이 법무부로 들어가서 검찰을 개혁하고, 나가겠다는 분들은 빨리 보내드려야 한다. (검찰이) 집단 항명해서 사표를 제출하면 다 받으면 된다."

이어 조국은 법무부 장관 적임자와 관련해 문재인에게 질문을 던졌다. 문재인이 객석을 향해 "여러분, 우리 조국 교수(법무부 장관으로) 어떻냐?"고 묻자 큰 웃음이 터져 나왔다. 조국은 크게 당황했지만 "롯데 자이언츠 구단주 외에는 자리 욕심이 없다"는 말로 넘어갔다.[18] 문재인이 2012년 대선에서 패배하는 바람에 '법무부 장관 조국'은 거의 8년이 지난 2019년 9월 9일에서야 탄생하며, 그는 10월 14일에 사퇴하는 초단명 장관이라는 비운에 처하게 된다.

"정치 검찰 잡으려다 시민 발목 잡은 개혁"

이렇듯 문재인이 정치인으로 변신하면서 검찰 개혁의 순수성이 퇴색된 건 물론이고 정략적 계산이 너무 앞선 바람에 법조공화국을 온존시키거나 악화시킨 결과를 초래하게 되었다. 「원칙보다 예외, 너도나도 불복…계엄으로 드러난 '난장판 사법체계'」라는 『조선일보』 기사가 인용한 한 현직 검사장은 다음과 같이 주장했다.

"지난 20여 년 동안 수사와 재판 과정에선 경험하지 못했고, 고시생 시절 책에서나 봤던 일들을 최근 2개월 동안 다

본 것 같습니다. 수사 과정이 이렇게 혼란스러웠던 적도, 법원 결정에 이렇게 이의를 제기한 것도 못 봤습니다. 결국 검수완박, 공수처 설치 등을 '졸속'으로 한 결과죠."[19]

이는 진보·보수를 막론하고 모두 다 대체적으로 동의하는 사실이지만, 중도·진보 언론의 견해도 들어보자. 『한국일보』는 "검찰이 우여곡절 끝에 26일 윤석열 대통령을 구속기소했지만, 문재인 정부가 '검찰 힘빼기'에 집착해 급조한 형사사법체계가 수사 과정에서 혼란을 부추겼다"며 다음과 같이 말했다.

정부와 더불어민주당은 검찰 권한이 지나치게 비대하다고 보고, 대대적인 수사기관 개혁에 착수했다. 검찰의 경찰 수사 지휘권이 폐지됐고 직접 수사 범위도 크게 축소됐다. 공수처를 만들어 특정 범죄에 대한 수사권과 기소권을 행사할 수 있도록 하면서, 경찰·검찰보다 우월한 지위를 줬다. 서초동의 한 변호사는 "'경찰-검찰-법원'으로 일원화된 형사사법체계를 변경하면 수사 역량이 약화되고 예상치 못한 부작용이 발생한다고 지적했는데도, 정부와 여당은 '검찰주의자'로 치부했다"고 말했다.[20]

「정치 검찰 잡으려다 시민 발목 잡은 개혁」이라는 『경향신문』1면 머리기사 제목이 잘 말해주듯이(이 기사 제목은 인터넷판에선「설익은 수사권 개혁, 윤석열 방패만 됐다」로 바뀌었다),[21] 검찰 개혁은 한마디로 말해 엉망진창이 되었다.「이의신청 안 되고, 고소·고발 안 받고… '억울함'만 늘었다」는『경향신문』기사에 따르면, 신민영 법무법인 호암 변호사는 "경찰은 준비가 안 된 상태에서 사건을 받고, 검찰은 주인 의식이 없으니 '핑퐁'하면서 시간만 보내는 게 일반화됐다"며 "부산 갔다가, 강남 갔다가, 사건 이송과 보완 수사를 거듭하면서 4년째 전국을 빙글빙글 도는 사건도 있다"고 말했다. D차장검사는 "한밤중에도 검찰청 창문 불빛이 훤했다는 건 옛날 얘기"라며 "형사부가 일감이 줄어 '칼퇴근'할 수 있는 '웰빙 부서'가 됐다"고 말했다. 이 기사는 문제의 핵심을 다음과 같이 정리했다.

"수사 지연 문제는 수사권 조정으로 검찰의 직접 수사가 제한되고 경찰에 대한 수사지휘권이 폐지되면서 심화했다. 검찰과 나눠 가졌던 사건들이 경찰로 몰렸지만 별다른 대책이 없었다. 검찰이 배당받은 사건을 직접 수사하지 않고 경찰에 보내거나, 경찰이 송치한 사건을 보완 수사를 요구하며 돌려보내기도 한다. 검찰과 경찰이 서로 사건을 떠넘기고, 경찰에 사건이 쌓여 수사가 지연되는 구조다."[22]

이렇듯 법조공화국 내에서 진영 간 패권을 다투는 경쟁 또는 전쟁은 있어도 진영에 불문하고 적용되는 법조 개혁은 아예 시도조차 없다. 예컨대, 전관예우 개혁은 보수와 진보 양진영에 똑같이 타격을 미치기 때문에 이건 늘 정치권의 관심밖이다. 달리 말하자면, 민생을 위한 개혁은 없고 오직 진영간 전쟁을 위한 술책에 '개혁'이라는 포장을 씌워 국민을 속이는 셈이다. '12·3 비상계엄' 선포라는 윤석열의 '미친 짓'은 그런 전쟁의 정점을 찍었다.

윤석열을 누가 책임져야 하는가?

"국민을 배반하고 경제를 나락으로 내몬 친위쿠테타를 주도한 윤석열 대통령과 김용현 전 국방장관을 비롯한 가담자들은 두말할 것 없이 나쁜 사람이다. 문제는 이런 나쁜 사람이 '자신이 믿지 않는' 공정한 선거를 통해 대통령에 당선될 수 있었다는 점이다. 국정을 일차적으로 책임지는 대통령을 뽑는데, 실상 후보자의 생각과 비전도 모르고 뽑은 것이다. 지나치게 짧은 후보 선출과 공식 선거 기간으로 인해, 후보자 간 상호검증이나 언론과 유권자에 의한 검증이 실효성을 가지기 어렵고, 결국 연출된 후보자의 이미지가 당선에 절대적으로 중요하게 된다. 후보자 선출과 공식 선거 기간의 확대에 대한 공론화가 필요하다."[23]

서울대 행정대학원 교수 박상인이 2025년 1월 「위기의 대한민국」이라는 『경향신문』 칼럼에서 한 말이다. 옳은 말씀이다. 대다수 국민에겐 청천벽력 같았던 12·3 비상계엄을 저지른 윤석열을 누가 책임져야 하는가? 이걸 따져 묻는 것도 필요할 것 같다. 우선 '검찰 정치'의 문제를 지적한 목소리가 많았다.

12월 7일 전 서울고검장 김후곤이 SNS에 올린 글이 인상적이다. 검찰 출신이 검찰의 문제를 지적했다는 점에서 말이다. 그는 윤석열의 '12·3 비상계엄 사태'에 대해 "검사 출신으로 대단히 부끄럽고 창피하다"고 비판했다. 그는 "검사의 DNA는 정치와 거리가 멀다"면서 "공정성과 정치적 중립을 지켜야만 존재 가치가 있는 검사들의 퇴임 직후 정치 참여는 향후 금지해야 한다"고 했다. 그는 "현재 검찰의 상황에 비춰보면, 적어도 10년 이상 구성원 그 누구도 여의도 정치에 발들이는 것을 법으로 금지해야 한다"고도 했다.[24]

열흘 후 『문화일보』 논설고문 이철호는 「검찰 정치의 종언」이라는 칼럼에서 "검찰 출신 윤석열 대통령이 탄핵소추

되면서 검사들은 '우리는 폐족廢族'이라 자조한다"며 이렇게 말했다. "검찰 출신끼리의 폐쇄적 성향은 '100가지 중 1가지만 맞아도 동지'라는 정치판과 어울리지 않았다. 상대방을 잠재적 범죄자로 보는 배타적 습성은 대화와 타협보다 힘으로 제압하려는 폭압적 행태로 나타났다. 상명하복식 '검사동일체' 원칙은 정치권의 다양성을 말살했다."[25]

'검찰 정치' 다음으론 국민의힘과 보수 유권자들의 책임을 묻는 주장이 많은 것 같았다. 권력구조 개편을 위한 개헌과 다양성 보장을 위한 선거제도 개혁 등 대안 제시에 주력한 견해도 많았다. 그런데 그게 전부일까? 검찰과 보수 진영, 구조나 제도 이외에 또 책임져야 할 사람들은 없는가? 있을 것 같은데도 그걸 거론하는 목소리는 거의 들리지 않는다. 나는 이건 문제가 있으며 바람직하지 않다고 생각한다. 이른바 게이트키핑gatekeeping의 관점에서 생각해보자. 게이트키핑은 언론학에선 뉴스를 생산하는 기자나 편집자에 의해서 뉴스가 취사선택되는 것을 의미하지만, 어떤 분야에서건 문지기의 역할을 거론할 때에 사용할 수 있는 개념이다.

문재인 정권의 정략적 '윤석열 이용'엔 책임이 없는가?

윤석열이 대통령이 되기엔 검증도 준비도 안 된 사람이었다는 데엔 거의 합의가 이루어진 것 같다. 그 책임을 윤석열의 소속 정당이 져야 한다는 건 당연하지만, 국민의힘은 2차 게이트키퍼였다고 보는 게 옳다. 상식의 수준에서 생각해보자. 서울중앙지검장과 검찰총장을 지낸 사람이 대선에 출마하려고 한다. 검사 출신, 특히 검찰 고위직 인사가 다른 경험 없이 곧장 대통령이 되겠다고 나서는 건 위험하다는 반론이 있을 수 있으며, 실제로 윤석열의 경우엔 그런 반론이 많이 있었다.

타당한 반론이지만 그 누구도 윤석열이 12·3 비상계엄과 같은 날벼락을 때릴 가능성을 생각하진 못했을 것이다. 막상 계엄이 저질러지고 나니까 "그럴 줄 알았다"는 식의 이야기가 많이 쏟아져 나왔지만, 그건 사후확신 편향hindsight bias에 지나지 않는다. "사후 평가는 늘 정확하기 마련이다"는 명언이 괜히 나왔겠는가?[26]

우리는 전혀 모르던 어떤 사람을 평가할 때에 그 사람이 전에 무슨 일을 했는지를 매우 중요하게 생각한다. 그게 꼭 바람직한 건 아닐망정 빠른 결정을 내려야 하는 현대적 삶에서 불가피한 면이 있다. 우리는 이념과 정치적 성향에 따라

편가르기를 하면서도 공적 조직에서 높은 자리에 올라갈 수 있는 능력과 자질에 대해선 공통된 것이 있다는 합의를 갖고 있는 것으로 보인다. 상식적·합리적 인성을 갖고 있지 못한 폭군 성향의 사람은 걸러내는 게이트키핑은 편가르기와 무관하게 이루어진다는 것이다.

윤석열을 서울중앙지검장·검찰총장으로 발탁한 주체는 누구였나? 문재인 정권이다. 윤석열은 어떤 검사였던가? 윤석열은 대통령이 되기에 부적합한 사람이었을 뿐만 아니라 서울중앙지검장·검찰총장이 되기에도 부적합한 사람이었다. 1차 게이트키핑에 큰 문제가 있었다는 뜻이다. 윤석열이 어떤 검사였는지는 널리 공개된 비밀이었다. 인사 검증에서 심각하게 다루어져야 할 문제였음에도 문재인 정권은 그 문제에 대해 눈을 감아버렸다.

『한국일보』기획취재부장 강철원은 2020년 2월「윤석열 스타일은 바뀌지 않는다」는 칼럼에서 검찰 안팎에선 이미 알려질 대로 알려진 '윤석열 스타일'에 대해 다음과 같이 말했다. "'그럴듯한 대의명분을 설정한 뒤 결론을 정해 놓고 수사한다', '원하는 결과가 나올 때까지 무지막지하게 수사한다', '목표에만 집착해 절차를 무시하고 인권을 등한시한다', '수사의 고수들이 깨닫는 절제의 미덕을 찾아볼 수 없다', '보스

기질이 넘쳐 자기 식구만 챙긴다', '언론 플레이의 대가이자 무죄 제조기다' 등이다."[27]

이걸 문재인 정권이 몰랐을까? 그럴 리 없다. 문재인 정권은 윤석열에게 따라붙었던 '칼잡이'라는 별명을 가장 반겼을 게다. 오로지 '앞으로 진격'밖에 모르는 칼잡이라니, 어찌 반기지 않을 수 있었겠는가? 당시 포스텍 교수 송호근이 「최종병기, 그가 왔다」는 『중앙일보』 칼럼에서 지적했듯이, 윤석열은 "국정농단, 사법농단 잔재세력의 완전 소탕"을 해낼 수 있는 "적폐청산의 최종병기"로 선택된 게 아니었느냐는 말이다.[28]

강철원은 "스타일을 지적하지 않고 사람을 믿은 정권이 순진했을 뿐이다. 기가 막힌 운명으로 역사에 남을 것 같다"는 말로 칼럼을 끝맺었다. 순진했다기보다는 오히려 불순했다고 보는 게 더 옳을 것이다. 문재인 정권의 입장에선 그런 스타일이 적폐청산엔 더 도움이 된다고 생각했을 거라는 점에서 말이다. 윤석열 검찰의 적폐청산 수사는 전반적으로 가혹했고 잔인했다. 그럴수록 문재인 정권의 지지율은 올라갔다. 그러다가 검찰의 칼끝이 '구舊적폐'뿐만 아니라 문재인 정권의 '신新적폐'를 향하자 문재인 정권은 광분했다. 똑같은 검찰이었건만 상대편을 칠 땐 환호하고, 자기편을 칠 땐 '검찰쿠데타'라며 펄펄 뛰는 내로남불 추태였다.

문재인 정권은 1차 게이트키핑에 실패한 정도를 넘어서 사실상 '윤석열 대통령 만들기'에 기여함으로써 역사에 큰 죄를 지었다. 문재인 정권 인사들은 정략적인 '윤석열 찬양가'를 불러대다가 자신들을 건드리는 '신적폐청산'이 이루어지자 무리한 '윤석열 때리기'로 윤석열의 인기만 높여주었고 급기야 유력 대선후보의 반열에까지 오르게 만들었다.

윤석열에 대해 북 치고 장구 친 건 민주당이었다. 국민의힘은 그 장단을 이용해 윤석열을 '용병'으로 써먹어 대선에서 승리했다. 윤석열에 대한 검증을 두고 말하자면 민주당이 더 큰 책임감을 느껴야 하는 게 아닐까? 이건 중요한 문제다. 집권 가능성이 높아진 민주당의 가장 큰 문제는 성찰 능력의 부재이기 때문이다. 윤석열에게 10개의 돌을 던지더라도 1개쯤은 자신을 위해 남겨두는 게 좋겠다.

법조 개혁을 가로막는 진영 간 패권 전쟁

이제 '법조공화국' 이야기를 정리해보자. 보수와 진보를 가리지 않고 지도자와 정치인들은 개천에서 용이 많이 날 수 있는 세상을 만들겠다고 말한다. 하지만 나는 그런 '개천에서 용 나는' 모델에 대해 비판적이다. 이 모델은 전 국민으로 하여금 개인과 가족 차원에서 용이 되기 위한 각자도생에 몰두하게 만들고 다수의 미꾸라지에게 열패감을 주기 때문에 정부와 정치권은 개천의 미꾸라지들을 위한 정책을 펴야 한다는 이유에서다.

그러나 그건 어디까지나 공적인 문제의식일 뿐, 나는 내 주변에서 용이 되기 위해 열심히 노력하는 젊은이들에게 전폭적인 지지와 더불어 격려를 아끼지 않는다. 그건 사적 영역의 일이기 때문이다. 모순인가? 모순이라고 생각하는 사람이 의외로 많았다. 공적으로 '개천에서 용 나는' 모델을 비판했으면 사적으로도 그리 해야 한다고 생각하는 것이다. 이 문제는 의외로 심각하다.

지역에서 자식을 서울 명문대에 보내기 위해 애쓰는 학부모가 있다. 당연하거니와 좋은 일이다. 그런데 이 학부모가 지방정부나 공공기관들은 공적 차원에서 지역발전을 위해 지역대학을 키우는 일에 노력을 집중해야 한다고 주장하면 모순인가? 모순이라고 생각하는 사람이 의외로 많다. 이런 정서를 갖고 있는 지역민들은 자신의 심리적 일관성을 지키기 위해 지역대학 발전에 무관심한 건 말할 것도 없고 더 나아가 지역대학을 폄하하기도 한다. 이런 풍토에서 세상을 바꿀 수 있는 사회자본의 형성과 축적은 어려워진다. "나 하나 살아가기도 바쁜데" 하는 각자도생의 원리를 공사 구분 없이 적용하기 때문에 사회적 차원의 해법 모색은 위선이거나 부질 없는 일이라고 생각하는 경향이 농후해진다.[29]

제발 그러지 말자는 게 나의 메시지다. 법조공화국도 마찬가지다. 이 공화국에 바뀌어야 할 것이 많지만, 공화국의 주민, 그것도 비교적 힘이 있는 주민들은 자녀들이 법조인이 되는 데에만 신경을 쓸 뿐, 법조계가 민생을 돌보는 걸 최우선으로 하는 서비스를 베풀 수 있게끔 하는 일엔 관심이 없다. 심지어 전관예우에 대해서마저 자기 자식이 떼돈을 벌 수 있는 '정당한' 기회로 여기기 때문에 너그럽다. 의사 증원에 대해 의대생 부모들이 딱 정해진 모범 답안을 갖고 있듯이 말이다.

법조계의 용이 되기 위해 발버둥치는 개천의 청소년과 청년들이 용이 된 후에 그 지위를 원없이 누리되 지위 간 격차를 좀 줄이는 쪽으로 애써 주면 좋겠다. 현재의 격차는 지속 가능한 수준을 넘어섰기 때문이다. "더불어 같이 살자"는 말엔 다 동의하면서도 '더불어 같이'를 어떻게 이해하는 건지 각자도생에만 미쳐 돌아가니 도무지 알다가도 모르겠다.

주

머리말

1 성한용, 「법조인이 곧바로 대통령이 되어서는 안 되는 이유」, 『한겨레』, 2021년 6월 27일.

2 이병한, 「[한동수 법정 의견서] 2020년 3월 19일 윤석열 "육사 갔더라면 쿠데타 했을 것"」, 『오마이뉴스』, 2023년 10월 31일.

3 정철운, 「5년 전 윤석열의 쿠데타를 예견했던 사람」, 『미디어오늘』, 2025년 1월 18일.

4 한동수, 『검찰의 심장부에서: 대검찰청 감찰부장 한동수의 기록』(오마이북, 2024), 356쪽.

제1장

1 양선희, 「이러다 검찰서 대선후보 지명할라」, 『중앙선데이』, 2021년 10월 30일.

2 허진, 「법대 나와야 명함 내민다? 내년 3·9 대선 흥미로운 현상」, 『중앙일보』, 2021년 6월 28일.

3 신동호, 『인물로 보는 오늘의 한국정치와 6·3세대』(예문, 1996), 211쪽.

4 임채청, 「'권악설'과 檢亂」, 『동아일보』, 2003년 3월 11일.

5 박홍두, 「20대 '0'·법조인은 30%나…민주당 '편식 영입'」, 『경향신문』, 2020년 2월 12일, 5면.

6 막스 베버(Max Weber), 이상률 옮김, 『직업으로서의 학문/직업으로서의 정치』(문예출판사, 1994), 73쪽.

7 박홍규, 『법은 무죄인가』(개마고원, 1997), 268~270쪽.

8 기획취재팀, 「'사법 저울'이 기울었다: 강한 자엔 '솜방망이' 약한 자엔 '쇠몽둥이'」, 『경향신문』, 2000년 12월 26일, 1면.

9 정양환·유원모, 「유전무죄-무전유죄…"여전히 돈 없고 빽 없으면 서럽다"」, 『동아일보』, 2017년 1월 25일.

10 김두식, 『불멸의 신성가족: 대한민국 사법 패밀리가 사는 법』(창비, 2009), 80~81쪽.

11 박홍규, 『법은 무죄인가』(개마고원, 1997), 268~270쪽.

12 박원순, 『원순씨를 빌려드립니다』(21세기북스, 2010), 26쪽.

13 안철수·박경철 외, 『내 인생의 결정적 순간: 그 순간이 없었으면 지금의 나도 없다』(이미지박스, 2007), 74쪽.

14 박원순, 『아름다운 세상의 조건: 나눔과 희망의 전도사 박원순 에세이』(한겨레출판, 2010), 222쪽.

15 강준만, 「왜 좋은 뜻으로 한 사회고발이 역효과를 낳을 수 있는가?: 사회적 증거」, 『생각의 문법: 세상을 꿰뚫는 50가지 이론 3』(인물과사상사, 2015), 33~38쪽; 강준만, 「왜 '스카이캐슬'은 경멸보다는 동경의 대상이 되었나?: 사회적 증거」, 『습관의 문법: 세상을 꿰뚫는 이론 7』(인물과사상사, 2019), 148~154쪽 참고.

16 문재인, 『문재인의 운명』(가교출판, 2011), 183~184쪽.

17 문재인, 『문재인의 운명』(가교출판, 2011), 183~184쪽.

18 황준범, 「'비법대생' 사시 합격 전공자 추월」, 『한겨레』, 2005년 10월 8일, 5면.

19 김두식, 『헌법의 풍경: 잃어버린 헌법을 위한 변론』(교양인, 2004), 118~119쪽.

20 김두식, 『헌법의 풍경: 잃어버린 헌법을 위한 변론』(교양인, 2004), 119~121쪽.

21 김두식, 『헌법의 풍경: 잃어버린 헌법을 위한 변론』(교양인, 2004), 157~158쪽.

제2장

1 송도영,「내 아이만큼은 무슨 일이 있더라도!: 교육과 강남 부동산 문제」,
『황해문화』, 제42호(2004년 봄), 61쪽.
2 이사벨라 버드 비숍(Isabella Bird Bishop), 이인화 옮김,『한국과 그 이
웃 나라들』(살림, 1898/1994), 78~79쪽.
3 김달중,「해제: 소용돌이의 한국정치」, 그레고리 헨더슨(Gregory
Henderson), 박행웅·이종삼 옮김,『소용돌이의 한국정치』(한울아카데
미, 1968/2000), 5~6쪽.
4 그레고리 헨더슨(Gregory Henderson), 박행웅·이종삼 옮김,『소용돌
이의 한국정치』(한울아카데미, 1968/2000), 44, 514~515쪽.
5 김대호,「한국사회에 대한 새로운 통찰과 모색」, 사회디자인연구소 창립
기념 심포지움 '한국사회를 다시 디자인한다', 2008년 7월 12일, 국회의
원회관 1층 소회의실, 28~29쪽.
6 정선이,『경성제국대학 연구』(문음사, 2002), 138쪽.
7 정선이,『경성제국대학 연구』(문음사, 2002), 130~132쪽.
8 김두식,『법률가들: 선출되지 않은 권력의 탄생』(창비, 2018), 51쪽.
9 김두식,『법률가들: 선출되지 않은 권력의 탄생』(창비, 2018), 32쪽.
10 최원석,「[Weekly BIZ] 7 Questions "권력 잡으면 腦가 변해…터널처럼
시야 좁아져 獨走할 가능성 커져"」,『조선일보』, 2014년 7월 5일; 강준
만,『권력은 사람의 뇌를 바꾼다』(인물과사상사, 2020) 참고.
11 김두식,『불멸의 신성가족: 대한민국 사법 패밀리가 사는 법』(창비,
2009), 16쪽.
12 김두식,『불멸의 신성가족: 대한민국 사법 패밀리가 사는 법』(창비,
2009), 221쪽.
13 김두식,『불멸의 신성가족: 대한민국 사법 패밀리가 사는 법』(창비,
2009), 232~234쪽.
14 정명원,『친애하는 나의 민원인: '외곽주의자' 검사가 바라본 진실 너머의
풍경들』(한겨레출판, 2021), 217~218쪽.
15 김기정,「2000명 이름 옆 순위 써졌다…검찰 인사 뒤흔드는 '블루북'」,
『중앙일보』, 2019년 8월 12일, 14면.
16 김두식,『불멸의 신성가족: 대한민국 사법 패밀리가 사는 법』(창비,
2009), 261쪽.

17 박권일 외, 『능력주의와 불평등: 능력에 따른 차별은 공정하다는 믿음에 대하여』(교육공동체벗, 2020), 148~153쪽.

18 김두식, 『불멸의 신성가족: 대한민국 사법 패밀리가 사는 법』(창비, 2009), 261~262쪽.

19 강기헌, 「68세 노인에게 "버릇없다" 한 39세 판사」, 『중앙일보』, 2010년 2월 5일; 이명진, 「인권위 "인격권 침해" 주의조치 권고」, 『조선일보』, 2010년 2월 5일.

20 「[사설] 재판 불만 請願 늘고 있는 건 사법부에 대한 경고」, 『조선일보』, 2014년 10월 7일.

21 최연진, 「"법대로 해주겠다" "딱 봐도 짜고 치네…" 막말·면박·윽박 버리지 못하는 판사들」, 『조선일보』, 2015년 1월 7일; 「[사설] 변호사의 法官 평가, 人事에도 반영할 수 있어야」, 『조선일보』, 2015년 1월 7일.

22 김효은, 「"사기 당한 놈이 미친놈 아냐?"…막말·호통 검사 천태만상」, 『CBS노컷뉴스』, 2016년 1월 19일.

23 이성진, 「변호사 91% "전관예우 존재한다"」, 『법률저널』, 2013년 6월 21일; 송원형, 「법원, 이대로는 안 된다: '前官 예우금지법'까지 만들었지만…변호사 90% "전관예우 여전"」, 『조선일보』, 2014년 4월 3일.

24 박세영, 「"서울대도 못 나온 루저" 폭언…로펌에서 벌어진 충격적인 일」, 『문화일보』, 2022년 12월 7일.

25 손현수, 「스카이로, 인서울로…로스쿨 수년째 '반수 열풍'」, 『한겨레』, 2021년 5월 7일.

26 윤상진·정경은, 「로스쿨 모집 요강에 "반수할 거면 오지 마세요"」, 『조선일보』, 2024년 8월 19일.

제3장

1 최종고, 『서울법대시대: 내가 본 서울대 반세기』(서울대학교출판문화원, 2013), 284쪽.

2 신동호, 『인물로 보는 오늘의 한국정치와 6·3세대』(예문, 1996), 211쪽.

3 신동호, 『인물로 보는 오늘의 한국정치와 6·3세대』(예문, 1996), 211~214쪽.

4 한승헌, 『불행한 조국의 임상노트: 정치재판의 현장』(일요신문사,

1997), 138~139쪽.

5 한승헌, 『불행한 조국의 임상노트: 정치재판의 현장』(일요신문사, 1997), 17~18쪽.

6 김정곤, 「8명 사형 뒤 수사검사는 승승장구」, 『한겨레21』, 1995년 10월 19일, 44면.

7 김충식, 『정치공작사령부 남산의 부장들 2』(동아일보사, 1992), 120쪽.

8 김충식, 『정치공작사령부 남산의 부장들 2』(동아일보사, 1992), 123쪽.

9 이상우, 『박정권 18년: 그 권력의 내막』(동아일보사, 1986), 298쪽.

10 이상우, 『박정권 18년: 그 권력의 내막』(동아일보사, 1986), 298~299쪽.

11 한승헌, 『재판으로 본 한국현대사』(창비, 2016), 341쪽.

12 최보기, 「[최보기의 책보기] 법관의 법과 양심과 기개에 대하여」, 『서울신문』, 2025년 2월 3일.

13 최종고, 『서울법대시대: 내가 본 서울대 반세기』(서울대학교출판문화원, 2013), 284~287쪽.

14 김대중, 「법대(法大) 유감」, 『조선일보』, 2010년 1월 25일.

15 정명원, 『친애하는 나의 민원인: '외곽주의자' 검사가 바라본 진실 너머의 풍경들』(한겨레출판, 2021), 19~24쪽.

16 정인진, 『이상한 재판의 나라에서: 우리 사법의 우울한 풍경』(교양인, 2021), 67쪽.

17 김성환, 「홍준표 "내년 공천서 판·검사 출신 줄일 것"」, 『한국일보』, 2011년 10월 31일.

18 이상돈, 「법조 출신들이 한나라당 망쳤다」, 『시사IN』, 2011년 12월 27일.

19 석진환, 「여의도행 버스엔 무임승차 법조인이 너무 많다」, 『관훈저널』, 통권 122호(2012년 봄), 196~203쪽.

20 김남일, 「법조인, 당신들의 대한민국 국회」, 『한겨레21』, 2012년 3월 26일.

21 이범준, 「노무현의 실패, 문재인의 위기」, 『경향신문』, 2019년 9월 4일.

22 이봉수, 「'서울 법대 공화국'의 파탄」, 『경향신문』, 2019년 9월 11일.

23 박국희, 「정경심 재판부 배당하려 보니…이 판사는 조국 동기, 저 판사는 조국 제자」, 『조선일보』, 2019년 9월 27일, A12면.

24 이가현·박재현·심우삼, 「문재인 인재 영입 1호 표창원 "법사위에서의 하루하루는 지옥이었다"」, 『국민일보』, 2019년 10월 24일.

25 양권모, 「"법사위는 하루하루 지옥이었다"」, 『경향신문』, 2019년 11월 5일.

26 「[사설] 20명 중 6명 '법조인', 씁쓸한 민주당 인재 영입」, 『한겨레』,

2020년 2월 12일, 27면.

27 정권현,「'과포' 법조인 출신 국회의원」,『조선일보』, 2020년 2월 12일,
      A31면.

28 인현우,「경제학자 출신 유승민 "법조인 출신, 과거에 매달려" 동시 겨
      냥」,『한국일보』, 2021년 6월 28일.

29 추미애,『추미애의 깃발: 우리 함께 손잡고』(한길사, 2021), 87쪽.

30 한영익,「與 "최재형, 전두환 때 사시 패스"…이재명·추미애 의문의 1패」,
      『중앙일보』, 2021년 6월 28일.

31 송평인,「문과의 위기 그 자체인 이재명과 윤석열」,『동아일보』, 2021년
      12월 29일.

32 박성민,「'서울대 법대 정치인'은 왜 실패하는가」,『법률신문』, 2022년
      8월 15일.

33 박병률,「서울 법대 망국론」,『경향신문』, 2022년 9월 5일.

34 박태훈,「강용석 "중대 법대 이재명, 서울 법대 尹을 '무식'?…똑똑한 李,
      왜 논문 표절"」,『파이낸셜뉴스』, 2022년 1월 5일.

35 강준만,「왜 대중은 반지성주의에 매료되는가?: 설득 커뮤니케이션의 관
      점에서 본 반지성주의」,『정치정보연구』, 22권 1호(2019년 2월), 27~
      62쪽; 강준만,『반지성주의: 우리들의 자화상』(인물과사상사, 2022년)
      참고.

36 권태호,「보수는 왜 무능한가?」,『한겨레』, 2024년 9월 24일.

37 로버트 윌슨(Robert A. Wilson) 편, 허용범 옮김,『대통령과 권력』(나남,
      1999/2002), 23~24쪽.

제4장

1 김두식,『불멸의 신성가족: 대한민국 사법 패밀리가 사는 법』(창비,
      2009), 142~143쪽.

2 윤상일,「법조윤리협의회에 거는 기대」,『중앙일보』, 2007년 7월 30일.

3 강준만,「왜 경부고속도로가 지역주의를 악화시켰나?: 경로의존」,『우리
      는 왜 이렇게 사는 걸까?: 세상을 꿰뚫는 50가지 이론 2』(인물과사상사,
      2014), 291~296쪽; 강준만,「왜 "개혁이 혁명보다 어렵다"고 하는가?:
      경로의존」,『습관의 문법: 세상을 꿰뚫는 이론 7』(인물과사상사, 2019),

288~294쪽 참고.

4   한우민, 「독자편지: '전관예우' 표현 불합리…'전관특혜'로 고쳐야」, 『동 아일보』, 2011년 6월 30일.

5   박철수, 『아파트: 공적 냉소와 사적 정열이 지배하는 사회』(마티, 2013), 145~158쪽; 박인석, 『아파트 한국 사회: 단지 공화국에 갇힌 도시와 일 상』(현암사, 2013), 26~35쪽.

6   임종업, 「"공동체 붕괴, 아파트가 아니라 아파트 '단지' 때문"」, 『한겨레』, 2013년 7월 10일.

7   박철수, 『아파트: 공적 냉소와 사적 정열이 지배하는 사회』(마티, 2013), 147쪽.

8   박인석, 『아파트 한국 사회: 단지 공화국에 갇힌 도시와 일상』(현암사, 2013), 99~100쪽.

9   강준만, 「왜 "IT기업이 '신'이 된 세상"이라고 하는가?: 알고리즘 독재」, 『월간 인물과 사상』, 2019년 1월호, 76~83쪽.

10 박민기, 「"SKY 나왔는데 굳이 판검사 왜 해요?"…신임 판사 38%는 '이 곳' 출신」, 『매일경제』, 2024년 6월 24일.

11 「법조일원화」, 『나무위키』.

12 정인진, 『이상한 재판의 나라에서: 우리 사법의 우울한 풍경』(교양인, 2021), 27쪽.

13 서아람·박민희·김은수, 『여자 사람 검사: 드라마가 아닌 현실 검사로 살 아가기』(라곰, 2021), 81~82, 109, 118쪽.

14 김주하, 「한 건 수임료만 22억 원…끊이지 않는 전관예우」, 『MBN 뉴스』, 2024년 4월 17일.

15 정영오, 「의사 대 법률가, 승자는?」, 『한국일보』, 2024년 5월 20일.

16 손제민, 「퇴직 판사 90%가 최종 근무지 개업」, 『경향신문』, 2004년 10월 4일, 8면.

17 황예랑, 「현직 부장판사 '전관예우' 비판 글」, 『한겨레』, 2004년 10월 6일, 8면.

18 최영해·이명건, 「역시나! 재경부 퇴직 간부 63% 산하기관 '낙하산' 감사원 14명도 피감기관 '방패막이'로」, 『동아일보』, 2004년 10월 7일, A10면; 최영해, 「예금보험공사는 '작은 재경부'」, 『동아일보』, 2004년 10월 20일, A8면.

19 김진각, 「교육 관료 사립대행 퇴직 보너스?」, 『한국일보』, 2004년 10월

1일, A8면.
20 정연욱, 「문화부 퇴직 4급 이상 공무원 산하단체에 무더기 '낙하산'」, 『동
아일보』, 2004년 10월 4일, A4면.
21 김종태, 「조대현 헌법재판관 후보자 청문회」, 『문화일보』, 2005년 7월 4일,
5면.
22 김재곤·이현미, 「서울 구속 사건 '싹쓸이' 수임: 개업 3년도 안 된 판·검
사 출신 변호사들」, 『문화일보』, 2005년 10월 6일, 8면.
23 박상진, 「법조계 전관예우 '난치병'」, 『한국일보』, 2006년 9월 5일, 10면.
24 노윤·조성진, 「"대법관 출신 변호사는 전관예우 몸통"」, 『문화일보』,
2006년 10월 16일, 9면.
25 「[사설] 직역 가리지 않는 공직자 '전관예우'」, 『문화일보』, 2006년 10월
17일, 31면.
26 고재학 외, 「퇴직 관료 로비 '해도 너무 한다'」, 『한국일보』, 2006년 2월
7일, 1면.
27 「[사설] 직역 가리지 않는 공직자 '전관예우'」, 『문화일보』, 2006년 10월
17일, 31면.
28 금원섭, 「공정위 고위퇴직자(4급 이상) 절반 '부적절한 로펌행'」, 『조선일
보』, 2007년 8월 22일.
29 김영수, 「공정위의 부당한 '내부 거래'」, 『조선일보』, 2007년 3월 1일,
A31면.
30 김기현 외, 「지방공사-공단 최고경영자 3명 중 2명이 퇴직 공무원」, 『동
아일보』, 2007년 5월 5일, A1면.
31 허영섭, 「[여적] 전관(前官) 파동」, 『경향신문』, 2007년 5월 30일.
32 조환규, 「우리시대의 요술 단어들」, 『교수신문』, 2007년 12월 17일.

제5장

1 임종인·장화식, 『법률사무소 김앤장: 신자유주의를 성공 사업으로 만든
변호사 집단의 이야기』(후마니타스, 2008), 14~15, 183쪽.
2 최창봉, 「대형 로펌의 '숨은 힘'?」, 『동아일보』, 2009년 10월 11일.
3 「[사설] '전관예우'는 법조계 후진성의 상징이다」, 『조선일보』, 2010년 3월
23일.

4   류인하·김기범·김지환,「[공직자 전관예우 실태] 퇴직 공직자에 로펌은 '돈·권력 왕래' 고리…갈수록 커지는 영향력」,『경향신문』, 2013년 2월 22일.

5   김남일·노현웅,「판사 52% '로펌', 검사 11% '기업'…'누울 자리' 그들은 안다」,『한겨레』, 2010년 10월 18일.

6   「[사설] 판·검사들, 전관예우가 부끄러운 줄부터 알아야 한다」,『조선일보』, 2010년 11월 18일.

7   육정수,「전관예우 요지경」,『동아일보』, 2011년 1월 16일.

8   이정은,「김영란 권익위원장 "나도 年 100억 받을 수 있다던데…"」,『동아일보』, 2011년 2월 24일.

9   김정필,「변호사 개업·로펌 취업해도 퇴임지 사건 1년간 못 맡아」,『한겨레』, 2011년 5월 18일.

10 류인하·김기범·김지환,「[공직자 전관예우 실태] 퇴직 공직자에 로펌은 '돈·권력 왕래' 고리…갈수록 커지는 영향력」,『경향신문』, 2013년 2월 22일.

11 이국운,『법률가의 탄생: 사법 불신의 기원을 찾아서』(후마니타스, 2012), 315~317쪽.

12 박성국·최지숙·홍인기,「[커버스토리-전관예우 공화국] 법조계 전관예우 실태」,『서울신문』, 2013년 3월 2일.

13 남상욱,「[공직사회 지배하는 로펌] 전관들, 선입계 안 내고 '조커 변호사'로 고위 현직과 '막후 거래' (1) 전관 싹쓸이로 권력기구화」, 2013년 3월 4일.

14 김기환,「변호사 10명 중 9명 "전관예우 여전"」,『중앙일보』, 2013년 6월 12일.

15 신동진,「"검사평가제 도입 추진…전관예우 신고센터 만들 것"」,『동아일보』, 2015년 1월 14일.

16 정양환·유원모,「유전무죄-무전유죄…"여전히 돈 없고 빽 없으면 서럽다"」,『동아일보』, 2017년 1월 25일.

17 임수빈,「전관예우는 사회 신뢰 좀먹는 암 덩어리다」,『중앙일보』, 2018년 7월 16일.

18 김양진,「"비고시 1억 5천·고시 2억 5천"…재취업 연봉까지 정해준 공정위」,『한겨레』, 2018년 7월 27일.

19 「[사설] 공정거래위 그 이름에서 '公正'이라도 빼달라」,『조선일보』,

2018년 8월 21일.

20 신연수,「"돈 들어도 전관 변호사 써라"…판·검사도 실토한 '전관예우'」, 『한국경제』, 2018년 10월 24일.

21 이호재,「전관예우 실태 첫 객관적 분석…통계자료 A4 70만 장 분량」, 『동아일보』, 2019년 4월 22일.

22 이호재·김예지,「[단독] 前官 카르텔, 사건 수임 3배 쓸어갔다」,『동아일보』, 2019년 4월 22일.

23 전현진,「전 직장에 우호적인 판결 '후관예우'…로펌 출신 판사는 뿌리칠수 있을까」,『경향신문』, 2021년 8월 25일.

24 표태준,「'매출 1조' 김앤장, 세계 로펌 53위…태평양·광장도 200대 로펌 선정」,『조선일보』, 2021년 9월 24일.

25 금원섭,「[만물상] 공직 대기소 '로펌'」,『조선일보』, 2022년 4월 6일.

26 신민정 외,「공직↔로펌 회전문…김앤장에만 '비법조인 고문' 87명」,『한겨레』, 2022년 4월 7일.

27 김희진·이혜리,「[단독] 올 신임 법관 7명 중 1명 '김앤장' 출신…김앤장 비중 '또 늘었다'」,『경향신문』, 2022년 10월 4일.

28 윤지원,「[단독] '선거법 기소' 국회의원 14명 중 11명, 전관 변호사 쓴다」,『중앙일보』, 2024년 10월 29일.

29 정정훈,「[야!한국사회] 유사종교로서의 전관예우」,『한겨레』, 2008년 10월 30일.

30 박재천,「이재명 "전관예우로 가장 공정해야 할 법조계 부패"」,『아주경제』, 2017년 2월 12일.

31 이미나,「이재명 2심 항소심서 벌금 300만 원 선고…대법원 확정시 당선무효 위기」,『한국경제』, 2019년 9월 6일.

32 권혜림,「'당선 무효 위기' 이재명 지사, 상고심서 '호화 변호인단' 구성」, 『중앙일보』, 2019년 10월 16일; 김명일,「"전관예우 뿌리 뽑자더니…" 이재명 호화 변호인단 구성 논란」,『한국경제』, 2019년 10월 17일.

33 김미희,「2년 전 이재명 "전관예우 척결"…내로남불 전관예우 지적」,『이데일리』, 2019년 10월 18일.

34 윤춘호,「[그사람] 견고한 현실주의자 이재명」,『SBS』, 2020년 7월 18일.

35 최원희,「野, 서대문갑 경선 후보 하루 만에 변경 논란…임혁백 "시스템 공천으로 통합 달성"」,『TV조선 뉴스9』, 2024년 3월 8일; 박소희,「'감산 30%' 극복 못한 박용진, 정봉주에게 패배」,『오마이뉴스』, 2024년

3월 11일; 임재우, 「민주 '공천 혁명'…권리당원 뜨면 비명횡사 일어났다」, 『한겨레』, 2024년 3월 27일.

36 김경필, 「대장동 변호사들, 野 공천서 약진… 與 "변호사비 대납한 것"」, 『조선일보』, 2024년 2월 23일.

37 정재민, 「민주 김동아 당선인 "사법부, 개혁 넘어 민주적 통제 필요"」, 『뉴스1』, 2024년 4월 12일.

38 기영노, 「[스포츠콩트] 윤석열의 '침대축구'」, 『뉴시안』, 2021년 12월 14일.

39 김경화, 「'법 왜곡 판검사 처벌법' '판사 선출제' 꺼내든 野: 이재명 사법 리스크 커지자 법원·검찰 압박」, 『조선일보』, 2024년 6월 11일; 송평인, 「이재명 재판 지연의 헌법적 문제」, 『동아일보』, 2024년 6월 12일; 성지원, 「판사 탄핵까지 거론…민주당 '이재명 방탄 입법' 쏟아낸다」, 『중앙일보』, 2024년 6월 13일.

40 이정민, 「'이재명 로펌'이 돼가는 민주당」, 『중앙선데이』, 2024년 11월 30일.

41 박영환, 「민주당은 '이재명 로펌' 말고도 할 일이 많다」, 『경향신문』, 2023년 1월 30일.

42 최민우, 「박근혜에게 진 빚」, 『중앙일보』, 2024년 11월 5일.

제6장

1 이봉수, 「법관이 정의를 독점해 벌어진 일」, 『경향신문』, 2021년 2월 9일.

2 한숭희, 「신뢰받지 못하는 사람들의 통치」, 『경향신문』, 2023년 5월 11일.

3 「[사설] 김명수 사법부 흑역사, 국민 권익 침해한 재판 지연」, 『매일신문』, 2023년 6월 20일.

4 이상직, 「재판 지연은 국민의 헌법상 기본권 침해다」, 『중앙일보』, 2024년 8월 7일.

5 박강현, 「재판 지연 원인됐던 '김명수식 법원장 추천제' 5년 만에 폐지」, 『조선일보』, 2024년 11월 19일.

6 최서인·김준영, 「[사법부, 시간과 전쟁] "질질 끄는 재판, 사법 불신 원인"…조희대가 칼 뺀 까닭」, 『중앙일보』, 2024년 9월 30일.

7 송원형, 「김명수, 재판 지체 묻자 "국민에게 감동 주는 재판 하려고 했다"」, 『조선일보』, 2023년 9월 1일; 「[사설] 사상 최악의 대법원장 김명수」, 『조선일보』, 2023년 9월 2일.

8 김은정, 「판사들 승진 없어지자···재판 '세월아 네월아~'」, 『조선일보』, 2021년 5월 21일; 백서연, 「'6시 퇴정' 관행 사라지고, 변호사 재촉하고···'342일→265일' 재판이 빨라졌다」, 『서울신문』, 2024년 8월 5일.

9 정지우, 「[부장판사 출신 김태형 변호사의 '알쏭달쏭 법원 이야기'] 2~3년마다 이사해야 하는 법관들의 고된 운명」, 『파이낸셜뉴스』, 2025년 2월 8일.

10 남혁상, 「엿가락 재판, 이젠 끊어내자」, 『국민일보』, 2023년 12월 12일; 양은경·유종헌, 「재판 2년 6개월 질질 끌다 법원장에 떠넘긴 판사들」, 『조선일보』, 2024년 7월 18일.

11 김소희·곽진웅·백서연, 「재판 지연에 커지는 국민 고통···판사 증원 가를 '운명의 한 달'」, 『서울신문』, 2024년 4월 29일; 백주아, 「재판 지연 해소 열쇠였는데···여야 싸움에 '판사 증원' 무산」, 『이데일리』, 2024년 5월 29일.

12 최서인·김준영, 「[사법부, 시간과 전쟁] "질질 끄는 재판, 사법 불신 원인"···조희대가 칼 뺀 까닭」, 『중앙일보』, 2024년 9월 30일.

13 정진솔, 「판사 5년 동안 370명 증원법 본회의 가결···법조계 '숨 쉴 틈 생겼다'」, 『머니투데이』, 2024년 12월 10일.

14 김광일, 「야당은 무엇이 찜찜했나」, 『조선일보』, 2025년 2월 3일.

15 황대진, 「국제인권법연구회 자진 해산 어떤가」, 『조선일보』, 2025년 2월 7일.

16 현일훈·손국희, 「노무현 정부 이후 와해됐던 '우리법' 출신 속속 요직 복귀」, 『중앙일보』, 2018년 2월 10일.

17 조백건·권순완, 「[단독] "재판은 정치" 외친 인권법, 김명수 大法 요직 34% 장악」, 『조선일보』, 2021년 4월 27일.

18 「[사설] 김명수 법원 특권 사조직 '인권법 판사회' 당장 해체하라」, 『조선일보』, 2021년 3월 29일.

19 신민정, 「10년 전 "법조계 하나회" 재탕···보수언론, 인권법연구회 낙인 찍기」, 『한겨레』, 2021년 3월 31일.

20 「[사설] 김명수 법원 특권 사조직 '인권법 판사회' 당장 해체하라」, 『조선일보』, 2021년 3월 29일.

21 김소영, 「권성동 "헌재 불공정 재판 배후에 민주당-우리법연구회 카르텔"」, 『동아일보』, 2025년 1월 30일.

22 박성진, 「헌재 "재판관 개인 성향 단정짓는 정치권에 우려 표명"」, 『동아

일보』, 2025년 1월 31일.

23 황대진, 「국제인권법연구회 자진 해산 어떤가」, 『조선일보』, 2025년 2월 7일.

24 권태호, 「'사상 검증', '연좌제' 시대로 돌아갔는가?」, 『한겨레』, 2025년 2월 4일.

25 황대진, 「국제인권법연구회 자진 해산 어떤가」, 『조선일보』, 2025년 2월 7일; 여다진, 「헌재까지 흔든 정치 판사 논란…우리법연구회·민사판례 연구회 흑역사」, 『주간조선』, 2025년 2월 9일.

26 「[사설] '울산 선거 공작' 2심 무죄, 숱한 유죄 증거에 눈감았나」, 『조선일 보』, 2025년 2월 5일.

27 여다진, 「헌재까지 흔든 정치 판사 논란…우리법연구회·민사판례연구회 흑역사」, 『주간조선』, 2025년 2월 9일.

28 퀜틴 스키너(Quentin Skinner) 외, 강정인 편역, 『마키아벨리의 이해』(문학과지성사, 1993), 89쪽.

29 Hannah Arendt, 『On Revolution』(New York: Viking, 1963), p.94.

30 이근아, 「윤준 서울고법원장 "재판 공정성·중립성, 판사 존재 이유"」, 『한국일보』, 2025년 2월 7일; 양은경, 「윤준 서울고법원장 "법원 신뢰 확고했으면 감히 그런 일 있었을까"」, 『조선일보』, 2025년 2월 7일.

31 양은경, 「윤준 前 서울고법원장 "사법 신뢰 무너져…법원 난입, 법원도 스스로 돌아봐야"」, 『조선일보』, 2025년 2월 13일.

32 김철웅, 「문형배, 과거 "우리법연구회 제일 왼쪽이 나"…與 "탄핵 심판 빠져라"」, 『중앙일보』, 2025년 1월 30일; 이채림, 「문형배, 판사 시절 조정 사건 언급하며 "피고, 꿈적도 않더라"…'온라인 활동'도 도마」, 『TV조선 뉴스9』, 2025년 1월 31일; 이재중, 「[단독] 尹측, 헌재에 문형배 SNS 팔로우 목록 제출…'尹 탄핵 촉구' '이재명 지지'」, 『TV조선 뉴스7』, 2025년 2월 2일; 이슬기, 「문형배 "법관 성향별 안배 필요해"…과거 발언 수면 위로」, 『한국경제』, 2025년 2월 3일; 권태호, 「'사상 검증', '연좌제' 시대로 돌아갔는가?」, 『한겨레』, 2025년 2월 4일.

33 이슬비·이민준·양지호, 「[대법원장 후보자 청문회] 조희대 "국민 요구 헤아려보면, 사법부 존재 이유는 신속 재판"」, 『조선일보』, 2023년 12월 6일.

맺는말

1 류정 · 한예나, 「회의 한 번에 875만 원, 年 100회 골프… '황제 사외이사'」, 『조선일보』, 2024년 1월 24일.

2 고현곤, 「교수 · 관료 · 법조인 부업으로 변질…사외이사 유감」, 『중앙일보』, 2024년 2월 27일.

3 「[사설] 고위 관료 출신 사외이사들 존재 이유는 거수기인가」, 『국민일보』, 2024년 2월 28일.

4 「[사설] 기업 사외이사 제도, 정 · 관계 로비스트로 변질되고 있다」, 『조선일보』, 2024년 4월 9일.

5 황경상 · 권정혁, 「애플 대표가 나이키 사외이사…전문가 뽑는 미국, 거수기 꽂는 한국」, 『경향신문』, 2024년 7월 1일.

6 서영지, 「서울대 교수 92명 사외이사 겸직…한 해 평균 4234만 원 받아」, 『한겨레』, 2014년 9월 16일.

7 고현곤, 「교수 · 관료 · 법조인 부업으로 변질…사외이사 유감」, 『중앙일보』, 2024년 2월 27일.

8 강준만, 『강남, 낯선 대한민국의 자화상: 말죽거리에서 타워팰리스까지』 (인물과사상사, 2006), 324쪽.

9 강준만, 『강남, 낯선 대한민국의 자화상: 말죽거리에서 타워팰리스까지』 (인물과사상사, 2006), 324쪽.

10 전병역, 「[기자칼럼] 이러려고 촛불을 들었나」, 『경향신문』, 2018년 9월 13일.

11 박권일 외, 『능력주의와 불평등: 능력에 따른 차별은 공정하다는 믿음에 대하여』(교육공동체벗, 2020), 148~153쪽.

12 이 소제목 하의 글은 강준만, 『한국 현대사 산책 2010년대편 1권: 증오와 혐오의 시대』(인물과사상사, 2024), 252~255쪽에서 그대로 가져온 것이다.

13 문재인, 『문재인의 운명』(가교출판, 2011), 400쪽.

14 문재인, 『문재인의 운명』(가교출판, 2011), 398쪽.

15 손병관, 『노무현 트라우마: 보복을 넘어 공존의 정치로』(메디치, 2022), 127~128쪽.

16 손병관, 『노무현 트라우마: 보복을 넘어 공존의 정치로』(메디치, 2022), 124쪽.

17 문재인·김인회,『문재인, 김인회의 검찰을 생각한다: 무소불위의 검찰권력의 본질을 비판하다』(오월의봄, 2011), 393쪽.

18 손병관,『노무현 트라우마: 보복을 넘어 공존의 정치로』(메디치, 2022), 124쪽.

19 유희곤,「원칙보다 예외, 너도나도 불복…계엄으로 드러난 '난장판 사법체계'」,『조선일보』, 2025년 1월 18일.

20 최동순,「문재인 정부 엉성한 형사사법체계…윤 대통령이 최대 수혜자?」,『한국일보』, 2025년 1월 27일.

21 허진무,「설익은 수사권 개혁, 윤석열 방패만 됐다」,『경향신문』, 2025년 2월 11일.

22 허진무·강연주,「이의신청 안 되고, 고소·고발 안 받고…'억울함'만 늘었다」,『경향신문』, 2025년 2월 11일.

23 박상인,「위기의 대한민국」,『경향신문』, 2025년 1월 3일.

24 강연주,「서울고검장 출신 김후곤 "검사 정치 참여 10년간 금지시켜야…계엄 조치는 명백한 범죄"」,『경향신문』, 2024년 12월 7일.

25 이철호,「[오후여담] 검찰 정치의 종언」,『문화일보』, 2024년 12월 17일.

26 강준만,「왜 "나는 이미 알고 있었다"고 말하는 사람들이 많은가?: 사후확신 편향」,『감정 독재: 세상을 꿰뚫는 50가지 이론』(인물과사상사, 2013), 45~50쪽 참고.

27 강철원,「윤석열 스타일은 바뀌지 않는다」,『한국일보』, 2020년 2월 24일.

28 송호근,「최종병기, 그가 왔다」,『중앙일보』, 2019년 6월 24일.

29 '개천에서 용 나는' 모델에 관한 이야기는 강준만,『개천에서 용 나면 안 된다: 갑질공화국의 비밀』(인물과사상사, 2015); 강준만,『부족국가 대한민국: 부족주의의 노예가 된 정치』(인물과사상사, 2021), 279~280쪽에서 가져온 것이다.

법조공화국

ⓒ 강준만, 2025

초판 1쇄 2025년 3월 24일 찍음
초판 1쇄 2024년 3월 31일 펴냄

지은이 | 강준만
펴낸이 | 강준우
인쇄·제본 | 지경사문화

펴낸곳 | 인물과사상사
출판등록 | 제17-204호 1998년 3월 11일

주소 | (04037) 서울시 마포구 양화로7길 6-16 서교제일빌딩 3층
전화 | 02-325-6364
팩스 | 02-474-1413

www.inmul.co.kr | insa@inmul.co.kr

ISBN 978-89-5906-794-7 03300

값 16,000원